척 스미스 목사 요한 계시록 강해

DATELINE EARTH

계시의 봉인을 떼라

척 스미스 · 데이빗 웜비시 공저

KB206106

홀리북스

계시의 봉인을 떼라
DATELINE EARTH

편집	홀리북스 편집부
출판등록	제2014-000225호
주소	서울시 강남구 언주로 608 303호
전화	070-7565-3535
팩스	02-798-5412
이메일	seoul@calvarychapel.kr
홈페이지	www.holybooks.or.kr
가격	9,000원

ISBN   979-11-967143-8-3

- 파본은 구입하신 서점에서 교환해 드립니다.

역자의 서언

지구의 종말이 가까웠다는 것은 갈수록 현실로 다가오고 있다. 그러나 사람들은 현실적인 일이 아니면 시큰둥하며 관심을 갖지 않는다. 인류가 사는 지구가 완전하게 파괴가 된다는 것은 감당할 수 없는 엄청난 뉴스임에도 사람들은 이미 가짜 뉴스에 귀가 둔감해진 상태다.

기독교계에서도 휴거나 7년 대환난이나 천년왕국에 대한 논쟁은 사라졌다. 오히려 종말에 관한 이야기는 상징적인 성경적 표현일 뿐이라는 인식이 팽대해졌다. 그러나 오늘날 우리 눈앞에 나타나고 있는 세계정세와 종교적 상황 그리고 자연계 파괴 현상은 예사롭지 않다.

구약의 선지자 다니엘에게 천사는 "다니엘아 마지막 때까지 이 말을 간수하고 이 글을 봉함하라 많은 사람이 빨리 왕래하며 지식이 더하리라"(단 12:4) 명하였다. 그러나 그 천사는 다시 사도 요한에게 "이 책의 예언의 말씀을 인봉하지 말라 때가 가까우니라"(계 22:10) 명하였다. 그리고 우리는 지금 사도의 교회시대를 살고 있다.

사도 요한이 기록한 계시록은 한마디로 주 예수께서 친히 말씀하신 〈있었던 일, 현재의 일, 장차 있을 일들〉을 오직 예수 그리스도의 교회와 그의 성도들을 위해서 일목요연하게 기록한 하나님의 비밀문서이다. 물론 이 문서는 계시록 단독으로만 정의될 수 없다. 그 이유는 이 지상에서 있었던 일들이 전제되었기 때문이다. 그러므로 성경 전체를 통한 비밀스러운 예언들의 지식들을 성령의 지혜와 총명으로 깨달아야만 한다.

현대 교회사 속에서 전 세계 기독교인들이 정평하고 있는 저자 척 스미스 목사의 성경 강해는 그의 강의를 듣는 사람들에게 많은 생각을 갖게 한다. 그리고 그의 성경강해는 성령의 생수처럼 사람들의 마음을 기쁘게 하고 심령의 변화를 일으킨다.

이 책은 CNB 프로듀서이며, 시니어클럽 기자인 데이빗 윔비시 (David Wimbish)가 척 스미스 목사의 계시록 강해를 바탕으로 현실감 있게 정리한 것이다. 나는 25년 전 일본어로 출판된 이 책을 읽는 순간 머리가 하얗게 되었다. 현실 속에서 예수 그리스도의 예언을 직감할 수 있었기 때문이다. 격한 감동에 이끌리어 동경의 장청익 선교사의 도움으로 '계시록의 숨겨진 비밀'이란 한국어 번역판을 내었지만, 그 당시 한국교회는 다미선교회 이장림 목사의 휴거 논란으로 호된 진통을 겪은 터라 종말론에 관한 것은 일부러 외면하는 분위기였다.

이제 칠십의 서산 자락에서 남은 호흡을 정리하면서, 아직 이 땅에 남아서 더 살아가야 할 나의 사랑하는 제자들과 또 주의 오심을 위해 부름을 받은 한국교회의 성도들을 위해, 사탄문화권 속에서 타락한 수십만의 영혼들을 돌이켜 오늘의 갈보리채플을 일으킨 척 스미스 목사님의 주옥같은 저서들을 다시 정리해야 할 필요성을 느꼈다. 사도 요한의 증거처럼 이 책을 읽는 자와 그 가운데 기록한 모든 것을 지키는 자들에게 복이 임하기를 기원하였다.

2020년 5월
서울 갈보리채플 이요나 목사

추서: 이 책은 1989년에 기록된 책이라 부분적으로, 시대적으로 미처 도달하지 않은 현실들을 언급한 부분들을 보정할 필요가 있었다. 실로 계시록의 내용들은 그날이 가까울수록 선명하게 나타나는 현실적 상황들이 복음의 종들에 의해 더욱 명확하게 증거될 것이라 생각된다.

목 차

제1장
미래의 해석

"그러므로 네가 본 것과 지금 있는 일과 장차 될 일을 기록하라"(계시록 1:19)

어느 나라 어느 거리에든 점쟁이들이 있다. 도심지 거리를 차로 달리다 보면 '당신의 모든 것을 알 수 있습니다'라는 간판이 눈에 들어온다. 그것을 보면서 "지금 세상에 그런 말을 누가 믿을 수 있단 말이야?" 하는 사람도 있을 것이다. 그러나 실제로 우리 주위에는 자신의 장래 모습을 지금 볼 수 있게 된다면, 조금 비싸다 할지라도 괜찮다고 생각하는 사람이 적지 않게 있다. 그런 사람들은 어떻게 해서든지 자신의 미래를 알고 싶어하는 생각 때문에 많은 돈을 시궁창에 버리는 것과 같은 어리석은 짓을 하고 있다.

그러나 우리 주위에는 직접 점쟁이를 찾아가지는 않을지라도, 카드로 운수를 점쳐 본다거나 점성술책을 탐독한다거나 또는 심령술 같은 것을 믿는 사람들은 꽤 많이 있다. 매년 빗나가는 것을 알고 있음에도 불구하고, 이러한 점쟁이 집에는 많은 사람들이 끊이지 않고 있다는 것은 이상한 일이 아닐 수 없다.

그러나 이와는 달리 한 권의 책을 통해서 미래의 사건들을 명확히 알려 주시는 분이 계시다. 그 한 권의 책이란 바로 성경이다. 성경은 역사의 어느 시대를 막론하고 최고의 베스트셀러였음은 우리 모두 잘 알고 있는 사실이다.

그러나 많이 팔리는 것도 좋긴 하지만, 단 한 페이지도 펼쳐지지 않은 채 방 한구석에 버려져 있는 성경책도 상당수 있을 것이다. 그 성경은 책장이나 책상 위에서 먼지만을 뒤집어쓰고 있는 것이다. 하나님의 말씀이 그저 하나의 장식품의 일부가 되어 있는 것을 생각할 때 마음이 아프다.

그들에게 있어서 성경은 장식품을 갖추는 것 이상의 의미는 없지만, 성경은 결코 행운을 가져다주는 부적이나 골동품이 아니다. 성경이야말로 매일의 우리들의 삶과 깊은 관계를 갖고 있는 살아 있는 책이다. 그리고 또한 머지않아 곧 일어나게 될 일들을 우리에게 가르쳐 주고 있다.

몇 년 전, 남부 캘리포니아 전체에 대소동이 있었다. 15세기 노스트라다무스라는 예언자가 1988년 5월에 캘리포니아가 큰 지진으로 인하여 파멸한다고 예언하였기 때문이다. 그의 책을 읽고 믿었던 사람들은 그해 5월이 가까워짐에 따라 심장이 멈출 정도의 공포에 휩싸이게 되었고, 급기야는 짐을 꾸려서 다른 주로 옮겨 가기도 했다. 그러나 아무 일도 없이 5월이 지나가자 한시름을 놓은 듯 한 사람들이 있는가 하면, 어떤 이는 예언이 빗나가고 말았다는 사실에 크게 실망하기도 하였다.

이처럼 모든 사람은 자신의 미래에 일어날 일들에 대하여 알고 싶어 한다. 미래의 사건이 좋은 일이든 나쁜 일이든 그것은 문제가 아니다. 단지 그 일이 일어나기 전에 대비해 두고 싶어 하기 때문이다. 그래서 노스트라다무스나 그 밖의 어처구니없는 예언서들까지 닥치는 대로 읽기도 하고, 영매라는 사람들에게 수십만 원의 돈을 갖다 바치기까지 한다.

레이건 전 미국 대통령의 부인인 낸시 여사까지도 마음속의 어떤 일을 결정하기 전에는 점쟁이들의 조언을 받아 왔다고 한다. 이 얼마나 어처구니없는 일들인가? 그러나 하나님을 믿는 우리에게는 분명하게 미래의 일들을 알려 주는 한 권의 책이 있다. 바로 성경이다. 거기에는 인간에게 잊혀 있었던 지혜가 분명하게 나타나 있다.

그런데 놀라운 사실은 66권으로 편집된 성경 안에서도, 그 모든 말씀을 하나님의 예언으로 믿으며 열심히 읽는다는 목사나 성경학자들조차도 해석하거나 가르치기를 꺼리기 쉬운 한 권이 있는데, 바로 사도 요한이 쓴 계시록이다. 이 작은 분량의 내용에는 우리의 선입관과는 정반대로 현대를 사는 우리에게 있어서 매우 흥미로운 것들이 기록되어 있다.

간혹 여러 사람으로부터 "계시록을 읽는 것은 포기하겠어요. 그 내용이 전혀 이해가 되질 않거든요.", "그것은 깨닫지 못하도록 봉해 놓은 책이기 때문에 보통 사람들로서는 알 수 없는 것 아니겠어요?"라는 말을 듣게 되는 경우가 있다. 그러나 결코 계시록은 감추어진 비밀문서도 아니며 해석이 불가능한 것도 아니며, 우리의 생각처럼 엄청나도록 복잡한 내용의 책도 아니다.

이 계시록은 실제로 이 지상의 종말 시대에 전개될 일들을 명쾌하게 밝히기 위하여 기록된 책이다. 그렇기 때문에 지금이야말로 계시록에 기록된 깊은 뜻을 깨달아야만 하는 시대인 것이다. 실로 마지막이 가까워졌기 때문이다.

내가 이 책을 출판하는 것은 여러분들께서 계시록을 이해하는데 조금이나마 도움이 되었으면 하는 마음에서인데, 이 책은 내 나름대로 연구하고 조사하여 본문을 알기 쉽게 기록한 것이다. 이제 여러분께서는 이 책을 읽음으로써 이 지상을 향하여 하나님께서 행하시고 있는 일들과 뜻을 어느 정도 깨닫게 되리라 믿는다.

나는 우리를 어리석게 만드는 많은 영적 존재들과 물질 만능의 현실주의자들의 허무맹랑한 넋두리를 배격하고 오직 성경을 토대로 한 진리만을 전하려고 한다. 하나님께서는 분명하게 우리가 사는 세상을 심판하실 것이다. 지금 이 세상에 일어나고 있는 일들을 바로 이해하고 있는 사람들은 이 세상이 지금이야말로 '고뇌하는 세계'에 있음을 알 수 있을 것이다.

여러분이 폭풍우가 몰아치기 전에 재난을 예비하고자 하는 마음만 있다면, 신문 표제어만을 보고도 그 속에 내포하고 있는 실제적인 모든 내용을 아는 것과 같이, 눈에 보이지 아니하는 또 하나의 현실과 미래에 대하여 성경에서의 마지막 책인 이 계시록은 분명하고 명쾌한 대답을 안겨 줄 것이다.

예수 그리스도의 계시

"예수 그리스도의 계시라 이는 하나님이 그에게 주사 반드시 속히 될 일을 그 종들에게 보이시려고 그 천사를 그 종 요한에게 보내어 지시하신 것이라" [계시록 1:1]

계시록 1장에는 '예수 그리스도의 계시라'라고 기록되었다. '계시'라는 그리스어 원어의 의미는 '베일을 벗긴다'라는 뜻이다. 그러므로 그리스도의 계시란 그리스도께서 비밀을 밝히신다는 뜻이다. 이 책을 통하여 그리스도는 우리에게 미래를 보여 주시며 지상에서 일어나게 될 일을 알려 주시는 것이다.

계시록은 거대한 건축물의 제막식에 비유할 수 있다. 이 책이야말로 우주적 규모로 전개되는 드라마를 분명하게 밝혀주며, 덮개를 제거하여, 우리로 하여금 명확하게 이해할 수 있게 한다. 먼저 역사적 시점과 계시록을 기록한 '사도 요한'에 대하여 말씀드리고자 한다.

사도 요한은 예수 그리스도께서 3년 반 동안 지상에서 공적인 사역을 하시는 동안 함께 살았던 제자로서, 예수께서 죽으셨다가 삼일 만에 부활하셨을 때에 그의 부활하셨음을 먼저 알았던 제자 중의 한 사람이다. 예수님은 십자가 위에서 그의 사랑하는 제자 요한에게 자신의 어머니 마리아를 그의 어머니로 섬기도록 부탁하셨다.

이러한 일들은 사도 요한이 하나님으로부터 마지막 계시를 받기 수십 년 전에 일어났던 사건들이다. 아마 사도 요한의 나이 90대 후반이 되어서야 이 계시를 받았다고 생각되지만, 노년의 나이에도 예수님을 향한 제자 요한의 열정은 조금도 시들지 않았다.

안타깝게도 예수님의 사랑하는 열두 제자 중의 열한 제자와 바울사도는 시대를 역류하는 위험한 새 종교 기독교를 전파하였다는 죄로 인해 유대인과 로마제국에 의해서 먼저 순교를 당했다. 그러나 마지막까지 순교를 면했던 이가 바로 사도 요한이다. 역사학자 요세푸스에 의하면 사도 요한의 순교 직전에 하나님의 계획은 다름이 아닌 이 지구상에서 일어날 미래의 마지막 계시를 기록하는 일이었다.

이 일을 위해 요한은 에베소로부터 그다지 멀지 않은 지중해의 바위섬 밧모에서 마지막 생애를 마치게 된다. 그러나 거기서도 그는 혼자가 아니었다. 항상 그리스도께서 함께하셨다. 그러므로 예수께서 천사를 보내어 요한에게 이 계시를 보여 주셨다는 사실이 이 책의 맨 처음에 기록되어 있다. 다시 말해서 이제부터 될 일들을 때로는 말씀을 통해서 때로는 환상을 통해서 요한에게 보여 주신 것이다.

사실 이 책의 대부분은 그런 식으로 이루어졌다. 또 요한 자신도 주님과의 직접적인 대화를 통하기도 하고, 예수께서 보이신 환상을 보기도 하였다. 이러한 여러 가지 계시 방법을 통해서, 계시록에서는 앞으로 일어나게 될 일들에 대하여 그 전모를 드러내고 있는 것이다.

"요한은 하나님의 말씀과 예수 그리스도의 증거 곧 자기의 본 것을 다 증거하였느니라"(계시록 1:2)

2절에서 요한은, 자신이 보았던 것들을 기록하였음을 분명히 밝히고 있다. 과장된 이야기를 지어내는 것이 아니고 그는 자신의 눈으로 보았던 것과 자신의 귀로 들었던 것들을 전달하는 리포터의 역할만을 수행하였다.

혹시 여러분 중에 제 2차 세계대전 중 에드워드 밀러가 전해 주었던 런던에서의 실황 중계상황을 들어 본 일이 있는가? 안전지대에 있던 사람들은 폭탄 투하의 폭음과 전투 현장을 접하지 않았으므로, 실제 전쟁을 전혀 다른 세상의 일로만 생각하고 있다.

그러나 적에게 포위된 런던으로부터의 생생한 방송은 안전지대 사람들로 하여금 실제로 전쟁이 일어났음과 자기 자신들이 적과 싸우고 있다는 사실을 깨닫게 해 주었다. 이와 마찬가지로 요한도 계시록을 통하여 전쟁이 일어났음을 전하고 있다.

그러므로 여기서 우리는 계시록에 기록된 전쟁은 바로 현실 속에 일어나고 있다는 사실인 것을 기억해야 한다. 요한은 다음과 같이 말하고 있다. "이제 이 우주에 일어나게 될 일들이 있습니다. 그것은 여러분 한 사람 한 사람에게 커다란 영향을 미치는 것입니다. 그러므로 나의 이야기에 귀를 기울여 주시기 바랍니다."

환상을 통해서 사도 요한에게 보여진 계시는 영적 통찰이었다. 여기서 영적 통찰이란 존재하지 않는 것이 보이는 것과 같은 환각적인 것이 아니고 영적인 능력에 의하여 오히려 있는 그대로를 더욱 확실하게 파악할 수 있도록 눈을 열어 준 상태를 뜻한다.

성경의 역사서에서 보면 엘리사와 그의 종이 적군에게 포위되었을 때의 이야기가 있다. 겁에 질린 그 종은 자기들의 목숨도 끝장이 났다는 생각에 사로잡혀 있었지만, 함께 있던 예언자인 엘리사가 기도하자 하나님께서 엘리사의 종의 눈을 열어 적군을 둘러싼 하나님의 군대를 보게 하셨다.

이와 같이 우리 눈으로 볼 수 없다고 해서 하나님의 군대가 존재치 않는다고 생각해서는 안 된다. 엘리야의 종도 실존적인 영적 세계의 일부를 보고서야 비로소 하나님께서 설계하신 이스라엘의 현실을 이해할 수가 있었다.

연일 매스컴에 보도되고 있는 바와 같이 세상 사람들의 공통된 여론은 우리들이 '마지막 세대'를 살고 있다는 것이다. 그러나 대부분의 사람들은 그러한 뉴스의 배후에 존재하는 영적인 현실을 볼 수는 없다. '영적인 시야'를 가지고 있지 않기 때문이다. 그러므로 잠언서 기자는 '묵시가 없으면 백성이 방자히 행하거니와(잠 29:18)라고 기록하였다.

그러나 하나님은 과거와 현재, 그리고 미래까지도 한꺼번에 다 보실 수 있다. 하나님은 시간을 초월한 영원한 존재이시기 때문에 어느 한 사람을 택하셔서 역사의 세세한 부분까지도 모두 다 보여 줄 수 있는 것이다.

계시록은 하나님께서 요한에게 보여 주신 이 세상에 펼쳐질 역사의 부분적 기록이다. 물론 이 책에도 난해한 부분들은 있다. 요한 자신도 자신이 보았던 모든 것을 전부 이해하지 못했다. 또한 자기가 기록했던 사건들이 언제 일어날 것인지에 대하여도 알지 못했다.

그렇다고 해서 요한 계시록은 해독이 불가능한 책이라고 말하는 것이 아니다. 만약 그렇다면 애당초 하나님께서 요한에게 그 환상을 보여 주지도 않으셨을 것이며, 죽음이 가까운 늙은 종에게 듣고 보여 준 모든 것을 기록하라는 명령도 하지 않았을 것이다. 그러므로 우리가 알아야 할 것은, 하나님은 후세의 우리가 이 책을 읽고 배워서 하나님의 계시를 깨닫게 되기를 바라신다는 사실이다.

박해와 환난의 시대에 하나님의 뜻을 이해한다는 것은 하나님의 백성으로 하여 더욱 강한 믿음을 갖게 할 것이다. 또한 이 세상의 모든 일들이 하나님의 계획안에 있으며, 결코 우리가 하나님으로부터 버림받지 않았다는 사실을 깨닫게 될 것이다. 또한 이제부터 일어나게 될 일들에 대해서도 두려워 떨지 않으며, 지혜롭게 준비할 것이다.

> "이 예언의 말씀을 읽는 자와 듣는 자들과 그 가운데 기록한 것을 지키는 자들이 복이 있나니 때가 가까움이라"(계 1:3)

1장 3절에는 하나님께서 이 글을 읽는 자는 누구든지 축복하시겠다고 말씀하셨다. 이 책에 기록된 것을 읽는 것만으로도 축복받게 된다는 아주 기분 좋은 약속이다.

안타깝게도 이 책을 보고 계시록이 아시아에 있는 일곱 교회를 향하여 기록되었다고 오해하는 사람들이 있다. 그 결과 그들은 계시록의 내용들은 자신과는 전혀 관계없다고 치부해 버린다. 그러나 우리는 "아시아에 있는 일곱 교회"에서 "일곱"이라는 숫자의 상징적 비유를 이해하지 않으면 안 된다. 1세기 후반에 이미 아시아에는 수많은 교회들이 있었기 때문이다.

그렇다면 왜 요한은 이 일곱 교회만을 언급하였으며, 다른 훌륭한 교회에 관해서는 언급하지 않았는가? 예를 들면 갈라디아에도 바울이 설립한 교회가 있었고 골로새에도 바울의 서신을 받아 본 교회가 있었다. 그러므로 계시록에 기록된 일곱 교회가 다른 교회들에 비해서 특별하게 중요했다는 것은 아니다.

여기서 하나님은 "일곱"이라는 숫자에 특별한 상징적 의미를 부여하고 있는 것이다. 이 숫자는 완성, 완전의 뜻을 가지고 있다. 그러므로 계시록을 보면 7이라는 숫자가 이 우주에 있어서 하나님의 능력의 완전성을 의미하기 위해서 반복되어 사용된다. 또한 자연계의 여러 현상들을 통해서도 찾아볼 수 있다. 예를 들면, 일주일이 7일이다.

이와 같이 여기서 말하는 일곱 교회라는 것은 모든 시대, 모든 나라의 모든 하나님의 백성을 전제하고 있다. 왜냐하면 이 우주의 모든 만물은 교회를 통하여 운행되고 있기 때문이다. 그러므로 계시록이야말로 이 세상 모든 사람을 향한 메시지인 것이다.

최근에 슬픈 사고가 있었다. 두 청년이 알루미늄 사다리를 이용해서 나뭇가지를 자르던 중 그 사다리가 전선에 닿아 고압 전류에 감전되어 버렸다. 이 사고로 한 청년은 현장에서 죽었고 또 한 청년은 중태에 빠졌다. 그런데 우리를 놀라게 하는 것은 이 두 청년 모두 거기에 고압 전선이 있다는 사실을 알고 있었다는 것이다. 그러므로 그들은 전력 회사에서 써 붙인 경고문도 읽었던 것이다. 그러나 그들은 그 경고문에 주의하지 않았던 것이다.

오늘에 있어서의 계시록의 의미 또한 그렇다. 계시록은 이 지구상에 일어나게 될 일들을 기록한 하나님의 경고문인 것이다. 물론 당신은 그것을 무시할 수도 있다. 그러나 무시한다고 해서 일어나게 될 일들이 중단되는 것은 아니다. 단지 외면하였던 자기 자신이 하나님의 은혜를 체험하지 못하고 재앙을 당하는 결과를 가져올 뿐이다.

계시록의 열쇠

먼저 계시록 1장 19절을 함께 보자;
"그러므로 네 본 것과 이제 있는 일과 장차 될 일을 기록하라"(계 1:19)

요한에게 주어진 하나님의 명령에서부터 계시록의 내용을 다음과 같이 셋으로 나눌 수 있다;

- 요한이 본 것
  이 책에 기록된 그리스도의 환상들

- 지금 있는 것
  제 2장과 3장을 통해서 나타난 아시아 일곱 교회를 향한 메시지

- 미래에 되어질 일
  헬라어 원어에는 '이 일 후에' 일어나게 될 일이라고 기록되었다. (이 일들은 4장에서 언급된 '이 일이 후에'로부터 시작된다)

이와 같은 내용으로 인하여 계시록을 어떻게 해석할 것이냐의 방법론들이 제기되었다;

- 역사적 해석
  계시록은 고대 로마시대부터 현대에 이르기까지의 교회 지배에 대한 투쟁의 역사라는 해 석이다.

- 영적 해석

계시록에 기록된 일들은 모두 영적 우화라는 해석이다. 물론 영적인 의미도 있지만 오늘의 현실 속에서 일어나고 있는 일들과는 아무런 관계가 없다는 것이다. 그러나 이 해석법은 매우 혼란스러운 해석이며, 이 책에 기록된 많은 부분의 메시지를 무시한다. 성경을 이와 같이 해석하게 된다면 모든 사람들이 자기 생각에 맞추어서 편할 대로 해석해 버리게 될 것이다.

- 미래적인 해석

계시록은 이 지상에서 이제부터 되어질 일들을 예언하고 있다고 믿고 있는 사람들의 해석법으로, 나는 이 해석법이 가장 바람직하다고 믿는다.

계시록은 사실 있는 그대로 기록된 책이다. 따라서 기록된 그대로 받아들여야만 한다. 왜곡하여 해석하는 일은 결코 용납될 수 없다. 따라서 계시록 1장 19절의 기록과 같이 '그러므로 네 본 것과 이제 있는 일과, 장차 될 일을 기록하라'라는 주의 말씀을 깊이 상기하고, 계시록 4장 이후의 내용들을 세밀하게 살펴보는 것이 올바르게 미래를 해석하는 열쇠가 될 것이다.

보라 내가 속히 오리니 내가 줄 상이 내게 있어
각 사람에게 그가 행한 대로 갚아 주리라
나는 알파와 오메가요 처음과 마지막이요 시작과 마침이라
자기 두루마기를 빠는 자들은 복이 있으니
이는 그들이 생명나무에 나아가며 문들을 통하여
성에 들어갈 권세를 받으려 함이로다
개들과 점술가들과 음행하는 자들과 살인자들과 우상 숭배자들과
및 거짓말을 좋아하며 지어내는 자는 다 성 밖에 있으리라
(계 22:12-15)

18 계시의 봉인을 떼라

제2장

일곱교회를 향한 메시지
계시록 1~3장

바야흐로 기묘하고도 엄청난 일들이 이 지구상에 일어나려고 한다. 태양의 고열로 말미암아 지구가 점점 소멸되고 있다. 모든 땅 위에 극심한 기근이 일어나게 되며 3년 반 동안이나 빗방울 하나 떨어지지 않기도 한다. 바다의 극심한 오염으로 인하여 생물들이 멸절되고 있다. 새로운 전염병은 끊이지 않고 전 인류를 고통스럽게 할 것이며, 독충으로 인하여 막대한 피해를 입게 될 것이다.

그런 어처구니없는 일들이 과연 일어나겠나 하고 생각하시는 분들은 이제부터 뉴스를 주의 깊게 살펴보면 좋을 것이다. 각 나라의 모든 뉴스들은 모두 인간이 이 세계를 파괴하고 있다고 말하는 과학자들의 경고를 전하고 있다. 물과 대기를 오염시키며, 지상의 생물을 유해한 자외선으로부터 지켜 주고 있는 오존층에 커다란 구멍을 낸 것은 바로 사람들이다.

과학자들은 연일 기회가 있을 때마다 '지구 온난화 현상'에 대하여 경고하고 있다. 이 지구 가 고온으로 변하게 되면 남극의 빙하가 녹아내려서 대홍수가 이 세계를 뒤덮게 된다는 것이다. 그와 동시에 이 지구에는 극심한 기근 현상이 나타날 것이며, 온 세상의 모든 농토는 메말라 버릴 것이라고 말한다. 또한 살인 벌이라고 불리는 벌떼가 남미 쪽에서 크게 발생하여 매년 북상한다는 이야기도 심심치 않게 들리고 있다.

또 더욱 무서운 것은 바로 에이즈(AIDS)라는 병이다. 이 에이즈야 말로 지구상에서 가장 심각한 문제가 되고 있다. 과거 수십 년 동안 몇 십만의 사람들이 에이즈에 감염되어, 별다른 치료 방법 없이 속수무책으로 사망하였다. 이 에이즈만큼은 현대의 모든 사람들이 인정하고 있는 무서운 병이다.

그러나 지금부터 20년 전만 하더라도 에이즈라는 말을 들먹이면 새로운 다이어트 법의 종류 정도로 생각했었다. 그런데 에이즈는 세계적인 규모로 우리의 목숨을 위협하고 있다. (지금은 에이즈에 대한 경각심은 보다는 오히려 최근에 나타난 사스, 메르스, 코로나19와 같은 점염병으로 위협을 받고 있다_ 역자 주)

그러나 이보다 훨씬 더 무서운 재난이 이 세상을 덮치려 하고 있다. 앞에서 잠시 언급한 자연재해들을 상상하는 것만으로도 심히 두렵다. 우리는 이러한 일련의 사태를 알려 주는 신문의 머리말을 볼 때 우리에게 향하고 있는 이 엄청난 경고를 무시할 수가 없다. 그러므로 현대를 살아가는 우리는 '계시록'에서 눈을 떼면 안 된다.

성경에는 현재의 세계 정치, 경제 기구 등이 붕괴하고 하나님의 나라가 도래하는 전환기에 이러한 재해가 나타나고 있음을 기록하고 있다. 이것은 결코 내가 단순히 다른 사람들을 놀라게 하기 위해서 이런 말을 하는 것이 아니다.

나의 솔직한 심정은 하나님께서는 교회를 통해서 사람들에게 피할 길을 예비해 두셨다는 것을 전하고 싶을 뿐이다. 즉, 이러한 일들이 일어나기 전에 크리스천들은 이 세상에서부터 하늘로 피난을 하게 된다는 메시지다.

계시록은 교회를 위하여 기록된 책이므로, 최악의 사태가 지상에 일어나게 되는 때에 피할 수 있는 준비를 할 수 있도록 경고하고 있으며, 예수를 구세주로 믿는 자에게는 구원의 길이 있다는 위로의 말씀을 전하는 책인 것이다.

앞서도 말씀드렸지만, 이 메시지는 아시아의 일곱 교회만의 해당하는 것으로 오해하는 사람들이 있다. 그러나 그 일곱 교회란 모든 시대의 모든 하나님의 백성, 그리고 교회사 전체를 대표하고 있다. 그러므로 이 내용들은 교회가 모든 하나님의 백성으로 성립되어 있다는 것을 이해하지 못하면 오해를 불러일으킬 수 있다.

하나님의 백성이란 이 세상에서 태어나기 전부터 하나님으로부터 부름을 받아, 그리스도를 구세주로서 영접하여, 그리스도의 죽음과 부활에 의해서 주어지는 구원의 은혜를 체험함으로써 자기 자신을 하나님께 드리는 사람을 말하는 것이다. 그러한 사람들을 향하여 이 책은 장래의 일들을 선포하고 있다.

임박한 위기 상황을 하나님께서 자신의 백성들에게 알리고자 하셨던 예는 성경역사를 통해 여러 번 드러나고 있다. 예를 들어, 롯의 경우가 그렇다. 소돔 성이 멸망되기 직전에 천사가 롯을 안전지대로 이끌면서, 그가 거기를 빠져나올 때까지 그 성을 멸하지 않겠노라고 말하였다.

또 신약 성경의 복음서에 보면 예수님은 제자들에게 이제 곧 예루살렘이 파괴될 것이며 성전의 돌들이 하나도 돌 위에 남지 않고 무너지게 되는 날이 온다는 것을 알려 주셨다. 이는 예루살렘이 군대에 둘러싸여 사람들이 산 위로 도망하게 된다는 예언이었다(누가복음 21:20~24). 이 예언은 주후 70년, 티투스 장군이 이끄는 로마 군대에 의해서 그대로 성취되었다.

흥미로운 한 가지 사실은 수만 명의 사람이 로마군대에 의해서 살해되었지만, 그 가운데 크리스천은 한 사람도 포함되지 않았다는 사실이다. 왜냐하면 그들은 미래에 일어날 사건에 대하여 이미 알고 있었기 때문이다.

예수께서 제자들에게 미리하신 경고를 기억하며, 함께 모여서 서로를 격려해 주며, 분명히 일어나게 될 패망의 징조들에 대한 지혜를 가졌기 때문이다. 그들은 예언의 말씀대로 예루살렘이 로마 군대에 의해서 파멸되기 전에 산으로 피난하여 가족과 함께 구원을 받았다.

항상 경고해 주시는 하나님

하나님께서는 인간을 사랑하시기 때문에 모든 위험으로부터 건지려고 하신다. 그러나 위험을 경고하시지만, 그것을 억지로 믿도록 강요하시거나 무리하게 행동을 시키시지는 않는다.

노아의 대홍수로 지상의 모든 이들이 멸망한 때에도 하나님은 노아에게 120년이라는 세월에 걸쳐 방주를 만들면서 친구들과 가까운 사람들에게 하나님의 계획을 알리도록 하셨다. 그러나 그들이 그 말에 귀를 기울이지 않음으로 말미암아 노아와 그의 가족만이 구원을 얻을 수 있었다.

내가 '계시록은 교회를 위해서 기록된 책'이라고 말하자 어떤 이들은 금방 마음을 닫고 메시지를 들으려 하지도 않았다. 교회에 대한 것이라면 그 자신들은 상관치 않겠다는 것이다. 그러한 생각이 어디서부터 나왔는가를 이해하지 못하는 것은 아니다. 그만큼 교회의 역사 속에는 신뢰와 존경을 받지 못할 일들도 많았기 때문이다.

기독교인들이 유대인들을 죽인 적도 있었고, 같은 그리스도교 내에서도 서로 전쟁을 했던 때가 있었다. 교리의 순수성을 지킨다는 명목으로 가톨릭은 개신교를, 개신교에서는 가톨릭을 서로 죽이는 역사도 있었다. 또한 교회 지도자들이 노예제도를 허용하거나, 인종적 편견으로 인하여 성경을 왜곡하여 해석했던 사실도 있었다. 오늘날에도 종교적 이유로 북아일랜드에서는 폭력 사건이 일어나고 있으며, 도시가 분단되어 있다는 소식도 접하고 있다.

이와 같이 교회사가 수치스러운 사건들로 얼룩져 있음을 나 역시 인정한다. 그들도 나와 여러분과 똑같은 인간들이었다. 그러므로 계시록에 마음을 닫아버리기 전에 크리스천들은 완전한 자가 아니라, 단지 세상 사람들 속에서 죄를 용서받은 사람들이라는 것을 알아야 할 것이다.

요한이 하나님의 성령의 인도로 밧모 섬에서 계시록을 기록하고 있었던 때부터, 교회는 이미 하나님의 의도하셨던 그 이상으로 변색되어 있었다. 그러나 1장과 2장에서는 분명하게 다음의 두 가지 사실이 기록되어 있다.

– 첫째, 하나님은 교회를 사랑하고 계신다는 사실
– 둘째, 뭔가 큰 변혁이 요구되고 있다는 경고

물론 지금의 교회 상태는 완전하지 않을지 모른다. 그러나 교회를 세우셨던 분은 완전하다. 또한 예수 그리스도는 이 메시지를 요한에게 주셨던 2,000년 전과 변함없이 지금도 완전하신 분이시다. 그분이 말씀하신 내용의 일들은 100% 일어나게 되며, 일점일획도 의심할 여지도 없다.

교회의 대표자의 말을 믿지 않아도 괜찮고, 어떤 특정 교파의 주장을 절대적으로 믿어야 할 필요도 없다. 그러나 만약 우리가 그리스도의 말씀을 전하고 있는 것이라면 주의하시고 들어 주었으면 하는 마음이다. 그리스도의 말씀만큼은 진리 바로 그 자체이기 때문이다.

1세기 후반의 교회들은 독선적으로 빠져들기 시작했다. 그리스도의 부활, 승천 직후의 초기 그리스도인들은 종말의 시대가 이제 곧 오게 되리라고 생각했다. 그리스도의 승천하는 모습을 눈으로 직접 지켜본 그들이 그리스도의 재림이 임박했다고 생각하게 되는 것은 극히 자연스러운 것이었다. 또한 요한은 그리스도께서 재림할 때까지 죽지 않을 것이라고 약속을 받았다는 루머도 있었다.

사도요한은 요한복음서의 마지막 부분에서 이 소문은 사실이 아니라는 주석을 달았지만, 세월이 많이 흘러도 그리스도가 재림하지 않는다는 이유로 인하여 믿음을 상실한 크리스천들이 생겨나게 되었다. 결국 그들은 이전의 죄악으로 가득 찬 생활로 되돌아가기 시작했다. 이들 마음속에서 하나님을 향한 열정이 식어가기 시작한 것이다.

이러한 현상은 오늘날 크리스천들에게 있어서도 종종 일어날 수 있는 일이다. 예수 그리스도께 자기 자신을 헌신하였을 때만 해도 뜨거운 흥분과 기대감 속에서 살았다. 이 지구상의 모든 피조물이 '그리스도가 되돌아오신다, 이제 곧 재림하신다.'라고 생각했다.

그런데 세월이 지나는 동안 그 기대감은 점점 엷어져 갔다. 그리고 지금은 이렇게 생각한다. '그리스도가 재림하신다는 것만은 확실하다. 그러나 오늘 밤, 내일, 다음 주에 오시는 것은 아니야. 언젠가는 오시겠지. 그러나 이것은 아주 오랫동안 기다려야 할 거야.'

이러한 독선적인 견해를 통해서 2,000년 동안 그리스도의 재림의 날을 예언하는 사람들과 그룹들이 대거 나타났다. 예를 들어, 여호와의 증인은 1914년에 이 세계가 끝나리라고 생각했었다. 아무 일도 없이 지나가자 그들은 그때부터 수년 후라고 연장하기도 했다. 그리고서는 그 마지막 날에 관한 그 어떤 징조가 1914년에 땅이 아닌 하늘에서 일어났었다고 수정했다. 최근에는 1975년이 바로 그 해라고 주장했으나 그 역시 빗나갔다.

크리스천 가운데서 '왜 1998년 9월에 휴거되는가?'라는 책을 출간한 사람도 있었다. 그는 자신의 주장을 뒷받침할 88개의 이유를 준비했다. 복잡스러운 수학에 나온 NASA의 연구원이었던 그는 자신을 갖고 있었다.

1998년 9월이 되어 확실하게 빗나갔음에도 불구하고 '다음 해 9월'이라는 예언의 개정판을 낼 정도로 완고했다. 많은 크리스천들이 그의 예언을 믿고 자신이 휴거된 다음에 자신의 애완동물이 버려질까 봐 사랑하는 애완동물들을 주사로 잠들게 해 두었다는 이야기들은 우리로 한숨짓게 한다.

한국에서도 1992년 10월에 예수가 재림한다고 국가적인 소란을 피워 사기죄로 고소되어 쇠고랑을 찬 사건이 있었지만, 많은 사람들이 그 사람들의 말대로 휴거되지 않음으로 인해 상처를 입고, 믿음을 저버린 것만큼 확실하다.

수 세기 동안에 걸쳐 잘못된 학설에 미혹 당하게 되면, 이제 새삼스럽게 "마지막 시대를 살고 있다!"라고 외쳐도 동화책 속에 나오는 "늑대가 나타났다!"는 말을 수없이 들었던 마을의 사람들처럼 '이제 더 이상 속지 않을 거야.'라고 미리 마음의 문을 닫아 버리게 된다. 이것이 마귀의 책략임을 우리는 깨달아야 한다.

그러나 계시록에는 하나님의 말씀을 기초로 한 분명한 증거가 있다. 그러한 징조가 우리의 눈앞에서 전개되고 있다. 특정한 날짜를

정하는 사람은 분명히 의심을 해야 한다. 하나님께서는 달력에다가 동그라미 표시를 해 두는 것처럼 그리스도의 재림 날짜를 정해 두지 않으셨기 때문이다. 하지만 그날이 가까워졌음을 깨닫게 하기 위해서 어떤 가이드라인을 나타내셨다. 예를 들면, "도적같이 다시 오리라"라고 말씀하신 것을 들 수 있다.

그렇지만 수없이 많이 빗나간 예언, 엉터리 주장을 펼쳐 왔던 탓이 분명하고도 틀림이 없는 징조들까지 함께 무시해 버리는 사람들이 대부분이다. 크리스천이 아닌 사람들까지도 마지막 때의 여러 징조들을 조롱하고 있다. 어떤 사람들은 백 년 전의 신문을 꺼내 들고 "이 세상은 예나 지금이나 똑같이 타락해 있잖아!"라고도 한다.

그러나 성경이 하나님 말씀으로 분명히 밝히고 있는 것은, 그리스도의 재림 날짜에 대해서 명확한 날이나 시간은 그 누구도 알 수 없다는 것과, 믿는 자들은 이 땅에서 진행되어 가고 있는 많은 사건들을 통해서 그리스도의 재림이 가까웠다는 것을 미리 알 수 있다는 것이다.

예수님께서는 다음과 같이 말씀하셨다;
　"이와 같이 너희가 이런 일이 나는 것을 보거든 하나님의 나라가 가까운 줄을 알라."(누가복음 21:31)

예언자 다니엘도 천사들이 전해 준 마지막 날의 환상을 다음과 같이 기록하였다;
　"다니엘아 갈지어다. 대저 이 말은 마지막 때까지 간수하고 봉함할 것임이니라. 많은 사람이 연단을 받아 스스로 정결케 하며 희게 할 것이나 악한 사람은 악을 행하리니, 악한 자는 아무도 깨닫지 못하되 오직 지혜 있는 자는 깨달으리라"(단 12:9~10)

어떤 사람들이 휴거나 재림의 날을 잘못 선언했다고 해서 우리까지 종말을 연구하는 노력을 포기해서는 안 된다. 성경은, 지혜 있는 자는 표적과 기사를 보고 그 날이 오는 것을 알 수 있다고 말하고 있다. 마지막 시대에 있어서 아주 중요한 징조는 에스겔서 36장~38장에 기록된 바 있는 이스라엘의 재건이다.

예수 그리스도께서도 '예루살렘은 이방인의 때가 차기까지(이방인이 하나님의 나라에 들어갈 수 있는 기회가 주어지는 기간) 이방인들에게 밟히리라'(누가복음21:24)라고 말씀하셨다. 그와 같이 사실 동서로 분할되어 있던 예루살렘은 1967년에 완전히 이스라엘의 지배로 돌아가게 되었다. 또한 무화과 나무 비유에 관한 예수님의 말씀은 우리에게 많은 생각을 하게 한다.

"무화과나무의 비유를 배우라. 그 가지고 연하여지고 잎사귀를 내면 여름이 가까운 줄 아나니 이와 같이 너희도 이 모든 일을 보거든 인자가 가까이 곧 문 앞에 이른 줄 알라." (마24:32~33)

이 세상의 미래에 무엇이 기다리고 있는가를 자세히 말씀드리기 전에 계시록 2장과 3장에서의 일곱 교회를 향한 요한의 메시지를 살펴보자. 앞서 말씀드렸지만 이러한 교회들은 보편적 교회를 나타내고 있으나 실제로는 그보다 훨씬 깊은 의미가 있다고 생각된다. 즉, 일곱교회의 하나하나는 교회사에 있어서 한 시대를 나타내고 있음을 알 수가 있다.

예를 들어 서머나 교회는 2~4세기의 혹독한 박해로 인하여 6백만의 크리스천들이 믿음 때문에 순교했던 시대의 교회였으며, 버가모 교회는 콘스탄티누스 대제의 통치 시대부터 시작된 기독교 국교화 시대의 초기를 나타내고 있다. 이와 같은 순서를 따라서 자세히 설명하고자 한다.

에베소 교회

에베소 교회는 예수 그리스도의 이름을 위하여 게으르지 않고 꾸준히 일했음을 칭찬받고 있다. 에베소 교회는 굉장히 활동적인 교회였다. 주일마다 교회는 사람들로 가득 찼고, 주일 학교의 어린이들도 넘치고 있었다. 여기에서는 언제나 새로운 교회 건설 계획이 진행 중이었다.

그러나 뭔가 잘못된 것이 있다. 그것은 바로 처음 사랑을 잊어버렸다는 것이다. 처음에 받았던 사랑으로 인하여 주를 사랑하고, 주를 섬기기를 갈망하셨으나 그것을 망각해 버린 것이다. 한때 그들은 주를 향한 사랑으로 불타고 있었으며, 멋진 계획도 세웠다.

그러나 시간과 함께 그 사랑의 불꽃은 식어 갔으며, 마침내 꺼져 버렸다. 이전에 세워 둔 멋진 계획이 분명히 있었음에도 불구하고 그것이 과연 무엇을 위해서였는가 할 정도로 망각해 버리고 말았다.

오늘날도 에베소 교회 성도들과 같은 크리스천들이 많이 있다. 시간과 함께 정열이 식어 버린 사람들이다. 과거에는 언제나 주의 사랑을 나누기도 하면서, 이야기할 때마다 그리스도를 회상하며 다른 형제들을 격려했었지만, 이제는 이미 지나간 추억이 됐다. 이러한 사람들에게 주님은 이렇게 말씀하고 계신다.

"회개하라! 그리고 이전의 나를 향한 사랑을 다시 한번 불태워라. 그렇지 아니하면 너희들을 내 앞에서 제하리라."

사랑이 없는 곳에 그리스도는 존재하실 수 없다. 하나님의 섭리에 있어서 얼마나 사랑이라는 것이 중요한가를 알기 위해서 다음의 성경 구절을 보자;

[고린도전서 13:1~3]

1 내가 사람의 방언과 천사의 말을 할지라도 사랑이 없으면 소리 나는 구리와 울리는 꽹과리가 되고,

2 내가 예언하는 능이 있어 모든 비밀과 모든 지식을 알고 또 산을 옮길 만한 모든 믿음이 있을지라도 사랑이 없으면 내가 아무것도 아니요,

3 내가 내게 있는 모든 것으로 구제하고 또 내 몸을 불사르게 내어 줄지라도 사랑이 없으면 내게 아무 유익이 없느니라.

그러나 에베소 교회가 하나님께서 미워하시는 니골라당의 행위를 미워했다는 것 때문에 하나님의 사랑을 받았다는 사실은 매우 흥미롭다. 그렇다면 과연 니골라당은 어떤 죄를 범했을까?

그들은 하나님과 인간의 관계를 떼어 놓으려 했다. '너희들이 감히 하나님께 직접 나아갈 수 없다. 잘 보라. 하나님은 너무나 위대한 분이시고 그래서 친히 너희들을 돌보실 틈이 있을 리도 없다'라고 생각한 나머지 '계급제도'를 만들었다.

'당신이 소원하고 기도하는 것이 있다면 A라는 사람에게 먼저 가지고 가야 해! 그런 다음 그 사람이 이번에는 B라는 사람에게 가지고 간다. 그와 같이 사다리를 오르는 것처럼 해서 마지막 단계에서 하나님의 보좌에 갈 수 있다'라는 것과 같다.

이 관료적인 체계는 성경의 권위를 넘어서서 사람들의 삶을 통제하려 했다는 의미에서 죄악이다. 그리스도께서 죽으시는 순간 예루살렘 성전의 휘장이 위로부터 아래로 찢어진 사실을 기억하라. 이것이야말로 인간이 직접 하나님과 사귈 수 있게 되었다는 것을 의미하며 그 일 이후 사람과 하나님 사이에는 오직 예수 그리스도를 제외한 중재자는 필요가 없어졌다.

그러므로 바울은 '하나님은 한 분이시요 또 하나님과 사람 사이에 중보자도 한 분이시니 곧 사람이신 그리스도 예수라'(딤전2:5) 기록하였다.

그러나 이 말은 교회 안에는 정당한 권위를 가진 조직이 필요 없다는 것이 아니다. 목사에게는 성도들의 영적 축복을 돌보아야 하는 책임이 있다. 그렇다고 이 말은 목사가 하나님과 인간 사이의 중개자가 되어야 한다는 것이 아니다.

예를 들어 성도들에게 '당신은 누구와 결혼을 해야만 한다, 또는 당신은 어떤 차를 몰아야 한다, 당신은 이곳에 살아야 한다'고 지시하는 지도자가 있다면 즉시 다른 목회자로 교체되어야 한다.

서머나 교회

계시록에서 두 번째로 언급되어 있는 것이 서머나 교회다. 에베소 교회가 그리스도의 제자들의 죽음까지를 나타내고 있는 점에 비해서 이 서머나 교회는 2~3세기에 걸쳐 로마의 대 박해를 받았던 교회로 나타나고 있다. 수백만의 크리스천들이 이 시대에 처형당했다. 로마에서는 그리스도교를 말살하려는 정책으로 사자 굴에 집어넣기도 하고, 고문을 가하기도 하며, 십자가에도 매달았다.

이 서머나 교회를 향한 주된 메시지는 위로와 격려다. 그리스도는 자신이 어떠한 분이시며, 어떻게 고통을 당하시고 죽게 되셨으며, 그리고 부활하셨는가를 우리로 하여금 언제나 상기하도록 하신다.

"네가 죽도록 충성하라. 그리하면 내가 생명의 면류관을 네게 주리라"(계시록 2:10b)

버가모 교회

서머나 교회의 성도들이 고문을 당하며 처형을 당하던 것에 비하여, 버가모 교회는 안전하였지만 로마제국에 의해서 인정을 받게 됨으로 인하여 영적으로는 매우 위험한 상태에 놓여 있었다.

이 교회는 세상 제도 안에 침투하여 하나님의 의를 실현하기 위하여 교회 국가를 건설하려고 했다. 물론 그러한 시도가 절대로 불가능하다는 것은 아니다. 그러나 실제로 콘스탄티누스 대제가 그리스도교를 로마의 국교로 인정하게 되자, 애초의 의도와는 달리 교회는 생명을 잃게 되었다. 하나님께서는 어느 시대를 막론하고 교회가 이 세상 정치제도권의 일부가 되는 것을 원치 않으셨다.

그럼에도 버가모 교회의 성도들은 주의 이름을 위하여 충성하였기 때문에 격려의 말씀을 듣는다. 그러나 니골라당의 행위를 미워했던 에베소 교회와는 달리 여기에서는 그 행위를 일삼았던 자들이 있었다. 그르므로 성령은 하나님의 정의로운 심판이 있기 전에 속히 회개할 것을 촉구한 것이다.

그리고 그리스도께서는 환난을 이기는 자들에게는 '흰 돌'을 주시겠다는 약속을 하셨다. 당시 교회 안에서 흰 돌은 수용을 의미하며, 검은 돌은 거절을 상징했다. 그래서 시련을 이기는 자는 어느 누구에게도 받아들여질 수 있다는 것을 그리스도께서 약속해주셨다.

두아디라 교회

2장과 3장에서는 역사상의 여러 단계 위에 놓여 있는 교회들이 하나님의 심판을 피할 수 있도록 회개해야 하는 부분들을 그리스도께서 지적하셨다. 두아디라 교회에서는 먼저 그들의 사업적 행위와 사랑과 봉사와 인내를 칭찬하셨다. 그러나 다음에서는 교회가 부도덕한 행위를 일삼으며, 우상에게 드려진 제물을 먹고 있다는 것에 대하여 비난하셨다.

나는 이 메시지야말로 로마 가톨릭을 향해 주어진 말씀이라고 생각한다. 분명히 종교개혁 이전의 제도이다. 그렇다고 로마 가톨릭만을 들추어서 비난하려는 뜻은 아니다. 다음에 나오는 사데교회에 관하여 말씀드릴 때는 개신교의 크리스천에 대해서도 엄격하게 비판을 하려는 생각이다.

두아디라 교회를 향한 메시지는 카톨리즘 안에 있는 문제를 꿰뚫어 보고 있다고 생각할 수 있다. 교회가 우상에게 바쳐진 고기를 먹고 있다는 예수님의 비난은 예배에 사용된 성물과 우상을 말하는 것이라고 생각된다. 입을 맞추고 나서 기도하고 드려지는 제물과 우상(그리스도의 시신을 감쌌던 것으로 알려진 헝겊과 유서 깊은 성모 마리아상과 같은 종류의 물건들)은 처음에는 하나님께로 나아가기 위한 수단으로 생각했었는지는 모르나 이제는 그 자체가 예배의 대상이 되고 말았다.

그럼에도 두아디라 교회 내의 충성된 자에게 '다만 너희에게 있는 것을 내가 올 때까지 굳게 잡으라'(계시록 2:25)라고 하신 것은 매우 흥미롭다. 즉 그리스도께서 재림하셔서 크리스천들을 천국으로 데려가실 때까지 이 교회 제도는 존재한다는 말씀이다.

그러나 두아디라 교회 사람들에게 우상숭배를 회개하도록 촉구하며, 만약 회개치 않는다면 장차 있을 환난을 통과하지 않으면 안 된다는 경고는 매우 두려운 말씀이다.

사데교회

드디어 여기에서 프로테스탄트의 종교 개혁에 대하여 언급한다. 과연 그리스도께서 어떻게 말씀하고 계신가?

[계시록 3:1~2]
1 내가 네 행위를 아노니 네가 살았다 하는 이름을 가졌으나 죽은 자로다.
2 너는 일깨워 그 남은 바 죽게 된 것을 굳게 하라. 내 하나님 앞에 네 행위의 온전한 것을 찾지 못하였노니

이 교회는 예수 그리스도를 믿는 것으로 고백하고 있음에도 불구하고 성경에 있는 모든 기적을 자연과학의 용어로 설명해 보려고 애쓰면서, 하나님의 능력을 잊어 버렸다. 모든 속박, 권력 조직, 형식적 예배에서 해방은 되었지만, 그러한 것을 대신하여 하나님께 나아갈 믿음을 갖게 하는 열심을 발견하지 못하였다. 그들은 형식적인 격식만을 챙기려는 차갑게 죽어 버린 교회들을 비판하면서도, 그들과 마찬가지로 비판의 소지를 자신들의 모임에도 그대로 도입하였다.

그러므로 그리스도께서 사데 교회가 로마교회의 우상숭배를 도입하고 말았다는 것을 지적하셨다. 이것은 바벨론 종교에서 들여온 것으로서 비난받아야만 하는 것들이다.

예를 들면 크리스마스가 그렇다. 본래 그리스도의 탄생을 축하하기 위한 것이었으나 그것은 동지를 기념하기 위한 고대 바벨론의 축제가 그 기원이다. 고대인들은 이 날을 경계로 낮의 길이가 다시 길어져 간다는 사실을 알고 있었다. 그 축제일이 되면 사람들은 술과 음식을 차려 놓고 대축제를 열며 지냈다.

이것이 로마 사람들에게 도입되어 산타마리아라는 이름이 되었고, 여기에다가 서로 선물을 건네주는 습관이 덧붙여지게 되었다. 로마 가톨릭교회는 이 축제일을 달력 안에 포함시키고 나서 이 날을 그리스도께서 태어나신 날로 스스로 정했다. 그러나 성경을 살펴본다면, 그리스도는 가을에 태어났을 가능성이 더 높다. (이 또한 정말 인지는 아무도 모른다)

그렇다고 해서 크리스천들이 12월 25일을 축하하면 안 된다고는 전혀 생각지 않는다. 우리에게는 하나님의 아들의 탄생을 축하하는 것과 축하하지 않을 것을 택할 만한 자유가 있다. 문제는 파티나 선물에 있는 것이 아니라 하나님의 말씀이 육신을 입고 우리 안에 살아 계신다는 사실을 진정으로 축하하는가 그렇지 않은가에 있다.

그럼에도 사데 교회가 우상 숭배를 받아들였음에도 불구하고, 흰 옷을 입고 주와 함께 동행 할 수 있으며 그 이름이 영원한 생명책에 기록되어 있음을 볼 수 있다.

빌라델비아 교회

여섯 번째 교회는 빌라델비아 교회다. 이 교회는 믿음에 굳건히 서서 모든 일에 있어서 주를 기쁘게 하려고 하는 교회다. 그들은 말씀의 가르침에 최선을 다했던 참 크리스천이라고 할 수 있다. 그들은 그리스도의 재림을 갈망하며, 그때를 위해 예비하고 있다.

그리스도께서 이 교회를 향하여 하신 말씀 속에서 특히 감명을 받은 말씀은 '볼지어다 내가 네 앞에 열린 문을 두었으되 능히 닫을 사람이 없으리라 내가 네 행위를 아노니 네가 적은 능력을 가지고도 내 말을 지키며 내 이름을 배반치 아니하였도다'(계시록 3:8)이다.

주께서는 교회를 위하여 그 문을 열어 두셨기 때문에 그 누구도 그것을 닫을 수 없다. 하나님의 나라를 찾으며, 영혼의 구원을 위해서, 또한 예수 그리스도를 주로 섬길 수 있는 기회를 간구한다면 누구에게라도 그 길은 열려 있게 마련이다. 설혹 우리에게 약점 같은 것이 있다고 할지라도 그 진리의 길은 발견하게 되는 것이다.

그리스도께서는 계시록 3장 10절을 통하여 다음과 같이 약속하고 계시다.

"네가 나의 인내의 말씀을 지켰은즉 내가 또한 너를 지키어 시험의 때를 면하게 하리니, 이는 장차 올 세상에 임하여 땅에 거하는 자들을 시험할 때라."

이보다 더 명확한 약속은 없다. 그렇다. 현실적으로 분명히 이 지구 전체에 환난의 때가 오게 된다. 그러나 주께 충성하였던 자들은 그 환난을 피할 수가 있게 된다.

대부분의 성경학자들은 이 시대가 끝나기 전에 대환난 시대가 오리라는 점에서 일치된 의견을 보이고 있다. 그러나 그 때가 과연 언제인가 하는 것과 교회가 어떤 역할을 감당하겠는가 하는 점에서는 여러 가지 의견으로 나누어지고 있다.

동유럽의 여러 나라에 일어나고 있는 사건들을 보고, "동유럽에서는 이미 대환난 시대가 왔구나. 만약 그들이 고통을 받아야만 하는 것이라면 우리 또한 환난을 면하게 되리라고 생각지 않는 게 좋다"라고 말하는 사람도 있다.
휴거는 대환난 시대의 전일까, 중간 시점일까, 후일까 하는 논쟁도 있다. 즉, 하나님의 백성은 대환난 시대 전에 이 세상으로부터 하늘로 들림을 받겠는가, 그렇지 아니한가의 문제다.

휴거에 관하여 확정된 정확한 교리가 없기 때문에 이것을 다루는 것은 영적으로 위험하다는 견해도 있지만 나는 결코 그렇게 생각지만은 않는다. 이는 속죄론과는 달리 신앙의 가장 중심적인 문제는 아니기 때문이다.

그러나 나는 그리스도의 진실한 교회, 하나님의 말씀과 함께 살았고, 주께 온갖 힘을 다하여 섬겼던 사람들은 대환난이 시작되기 전에 휴거되는 것이 성경의 가르침이라고 믿는다.

그 시대가 되면 이 세상에는 신자가 전혀 없게 된다는 것은 아니다 (이 부분은 나중에 언급하겠다). 또한 크리스천인 우리들이 환난의 때를 전혀 맛보지 아니하여도 된다고 말하는 것도 아니다. 사실 믿음을 지키기 위하여 크리스천들은 때때로 고통을 당해야만 했다.

그리스도께서는 제자들에게 이미 말씀하셨다;

"세상에서는 너희가 환난을 당하나 담대하라 내가 세상을 이기었노라 하시니라"(요 16:33b)

"너희가 세상에 속하였으면 세상이 자기의 것을 사랑할 터이나, 너희는 세상에 속한 자가 아니요 도리어 세상에서 나의 택함을 입은 자인고로 세상이 너희를 미워하느니라" (요한복음 15:19)

그리스도의 믿음은 사랑으로 인한 자기희생을 수반한 것이었고 앞으로도 그러할 것이다. 그러나 자기 자신이 믿고 있다는 것으로 인하여 해를 당하거나 박해를 입는 일과 대환난 시대를 통과하는 것은 다르다.

대환난 시대는 아직 시작되지 않았다. 그러나 하나님의 진노가 이 지상에 쏟아지게 되는 때는 임박했다. 만약 당신이 크리스천으로서 주를 섬기는 일에 최선을 다하였다면 이 지상에서 그것을 맛보지 않게 될 것이다.

라오디게아 교회

마지막으로 언급되는 라오디게아 교회는 자기도취와 자신감에 가득 찬 오만한 교회다. 주를 섬긴다고 하면서도 실은 자기 자신만을 섬기고 있는 것이다. 이 교회는 세상에 굳게 뿌리를 내리고, 살이 쪄 있다. 또한 영원을 바라보는 시야를 잃어버리고 미지근하여 무관심해지고 말았다.

처음 이 교회는 주의 축복을 받고 있었으나, 얼마 되지 않아서 하나님을 외면한 채 축복만을 구하기 시작했다. 그리고 결국에는 그 처음 축복이 하나님께로부터 임하였다는 사실조차도 잊어버린 채, 자신들의 열심만으로 얻게 되었다고 믿게 되어 버렸다.

이 교회는 크고 멋진 교회를 세우고, 거대하고 아름다운 유리창을 달고, 출판, 방송 등으로 성공적 목회를 하고 있을지도 모른다. 그러나 이 교회는 믿음 면에서는 미지근한 상태다. 이를 향하여 그리스도께서는 다음과 같이 말씀하신다.

> "네가 이같이 미지근하여 더웁지도 아니하고 차지도 아니하니 내 입에서 너를 토하여 내치리라"(계시록 3:16)

당신이 바로 라오디게아 교회의 한 사람은 아닌가 생각해 보라. 당신은 하나님을 향한 정열을 잃고 있지 않은가? 그러나 만약 당신이 문을 열기만 한다면 그리스도께서는 당신 속으로 들어가셔서 당신과 교제하시기를 원하신다. 그러므로 그리스도를 당신의 인생 가운데 다시 한번 초대하시기를 바란다. 열정이 회복될 수 있기를 간구하기 바란다. 그러면 그리스도께서는 당신의 간구에 응답하실 것이다. 그렇게 되면 대환난 시대에 당신은 이 지상에 존재하지 않게 될 것이다.

계시록 1장 19절은 이 책 전체를 푸는 열쇠와도 같은 말씀이다. 요한은 '장차 될 일을 기록하라'는 명령을 받는다. 그러므로 계시록 2장과 3장은 교회시대 이후의 일들을 말하고 있는 것이다. 따라서 여기서는 그리스도의 재림과 대환난 시대라고 하는 두 가지 포인트에 주목하는 것이 중요하다.

지금까지는 교회의 실패와 동시에 장점을 살펴보았다. 잘못된 과오와 배신의 순간들도 있었다. 그러나 어느 시대든 간에 충성된 크리스천은 있었다. 그들은 변함없는 충성으로 그리스도를 섬겼으며, 말씀과 믿음에 있어서도 그리스도를 섬겨왔던 성도들이다.

이제 계시록 3장의 마지막 부분에까지 왔지만, 교회는 지금 무대 위에서 사라져 가고 있다. 그것은 바로 지구의 최후의 순간, 그리고 격동의 시대를 맞이하려는 것을 의미하고 있다. 이와 같이 휴거는 매우 가까워졌다.

제3장

임박한 구원의 날
계시록 4~6장

계시록 4장에서는 장차 될 일(계시록 1:19)을 다루고 있다. 즉 다시 말하면 교회 시대 이후 이 세계에 있게 될 사건을 가리킨다. 미국에서는 가끔 '주의! 이 차는 휴거 때 운전자가 사라지게 됩니다.'라는 스티커를 부착한 차를 볼 수 있다. 운전자가 사라진 수백, 수천의 자동차가 꾸불꾸불 제멋대로 달리는 광경이란 상상하기조차 두렵다. 그러나 이러한 일은 언젠가 반드시 일어날 것이며, 지금 살아 있는 사람 중에도 그러한 광경을 목격하게 될지도 모른다.

휴거 그림을 본 적이 있는가? 수백, 수천의 사람들이 고층 빌딩의 창가에서나, 지붕에서 공중으로 들려 올라가는 그림이다. 드라마틱한 이야기 같지만, 휴거 때에 그러한 일들이 과연 일어나겠는가 하는 것은 의문이다. 왜냐하면 수백만 명의 사람들이 공중으로 들려가는 그런 기적적인 사건이 일어난다면, 하나님을 믿지 않는 사람들조차도 초자연적인 일들이 일어나고 있음을 인정하지 않을 수가 없기 때문이다.

그러나 성경은 휴거 후에도 지상의 모든 사람들의 생활은 휴거 이전과 마찬가지로 계속된다고 기록하였다. 즉, 다시 말하면 휴거 사건이 발생한 후에도 여전히 많은 사람들이 예수 그리스도를 믿지 않고 있다는 것을 뜻한다. 그래서 '과연 어떻게 해서 그 일이 일어날 수 있었는가?' 라는 의문에 대해서는 그 당시 사람들로서는 알 수 없게끔 일어나게 되지 않을까 하고 생각할 수도 있다.

나는 휴거 때에, 모든 이의 영혼은 하늘에 올라가 주님을 만나게 되지만 육체는 올라가지 아니하리라고 생각한다. 휴거의 순간은 마치 나비가 껍질을 벗듯이 우리 또한 육체와 분리된 영혼만이 하늘로 올라가게 될 것이다.

'이 썩을 것이 불가불 썩지 아니할 것을 입겠고 이 죽을 것이 주지 아니함을 입으리로다(고전 15:53)'함과 같다.

사도 바울은 고린도전서 15장 50절에서 '혈과 육은 하나님 나라를 유업으로 받을 수 없고'라고 기록하였다. 어쩌면 그 때에 이르면 하나님을 믿지 않는 사람들은 수백만 명의 목숨을 앗아 간 불가사의한 전염병으로 이 사건을 다루게 될지도 모른다. 그리고 과학자들은 아마 '뭔가'라는 가상적 설명을 통해, 하나님이 그 백성을 지상 세계의 환난으로부터 구출해 내었음을 부인하고 자기들의 주장을 믿도록 유도할 것이다.

그래서 나는 '휴거는 반드시 일어 난다'고 믿는다. 왜냐하면 이것은 하나님의 말씀이며, 하나님의 말씀은 틀림없이 성취되기 때문이다. 수세기를 통하여 성경의 가르침은 믿을 수 있는 충분한 가치와 증거를 부여한다. 오랫동안 하나님과 함께 동행했던 나의 개인적인 경험으로 보아도 하나님은 그가 행하시기로 약속하신 것은 반드시 말씀대로 이루심을 안다.

휴거를 뒷받침하는 성경적 근거의 하나로서, 예수님의 일대기를 기록한 마태복음에서 다음과 같이 말씀하고 있다.

[마태복음 24:37~43]
37 노아의 때와 같이 인자의 임함도 그러하리라.

38 홍수전에 노아가 방주에 들어가던 날까지 사람들이 먹고 마시고 장가들고 시집가고 있으면서

39 홍수가 나서 저희를 다 멸하기까지 깨닫지 못하였으니 인자의 임함도 이와 같으리라.

40 그 때에 두 사람이 밭에 있으매 하나는 데려감을 당하고 하나는 버려둠을 당할 것이요,

41 두 여자가 매를 갈고 있으매 하나는 데려감을 당하고 하나는 버려둠을 당할 것이라.

42 그러므로 깨어 있으라. 어느 날에 너희 주가 임할는지

43 너희가 알지 못함이니라

데살로니가전서에서, 이스라엘이 아닌 모든 나라에 복음을 전한 예수님의 제자 사도 바울은 휴거에 대하여 다음과 같이 기록했다.

[살전4:16~17]

16 그리스도 안에서 죽은 자들이 먼저 일어나고

17 그 후에 우리 살아남은 자도 저희와 함께 구름 속으로 끌어 올려 공중에서 주를 영접하게 하시리니, 그리하여 우리가 항상 주와 함께 있으리라.

그리고 또 하나의 중요한 말씀은 데살로니가후서의 말씀이다;

[살후2:1~6]

1 형제들아, 우리가 너희에게 구하는 것은 우리 주 예수 그리스도의 강림하심과 우리가 그 앞에 모임에 관하여

2 혹 영으로나 혹 말로나 혹 우리에게서 받았다 하는 편지로나 주의 날이 이르렀다고 쉬 동심(動心)하거나 두려워하거나 하지 아니할 것이라.

3 누가 아무렇게 하여도 너희가 미혹하지 말라. 먼저 배도하는 일이 있고 저 불법의 사람 곧 멸망의 아들이 나타나기 전에는 이르지 아

니하리니,

4 저는 대적하는 자라. 범사에 일컫는 하나님이나 숭배함을 받는 자 위에 뛰어나 지존하여 하나님 성전에 앉아 자기를 보여 하나님이라 하느니라.

5 내가 너희와 함께 있을 때에 이 일을 너희에게 말한 것을 기억하지 못하느냐?

6 저로 하여금 저의 때에 나타나게 하려 하여 막는 것을 지금도 너희가 아나니

여기 마지막 부분은 가장 흥미롭고 또한 주제가 될 만한 사실을 직접적으로 밝히고 있다. 영어의 필립(Filips)역 성경에서는 6절과 8절을 다음과 같이 번역하였다.

"정하여진 기한이 차기까지 그 자를 붙들어 매는 능력이 있음은 여러분도 알고 있겠지요. 그 때가 차면 멸망의 아들의 모습이 밝히 드러납니다."

여기에서의 '멸망의 아들'이란 과연 누구를 가리키는 것인가? 그것은 적그리스도를 가리키는 것으로, 그의 출현은 곧 마지막 때의 시작을 의미한다. 그러나 그를 붙들어 매는 능력이란 과연 무엇일까? 그것은 그리스도의 교회 안에 내재하시는 하나님의 성령을 말한다.

교회가 이 땅에 있는 한 적그리스도는 무력할 수밖에 없다. 이미 적그리스도는 존재하고 있는지 모르겠다. 사실 그러한 가능성은 매우 크다고 생각하지만 국제 정치 세계에서의 그는 아직 무명의 존재일 것이다.

그러나 휴거의 사건과 함께 교회가 이 지구에서 사라짐과 동시에 그를 제압하고 있던 성령의 능력 또한 사라지고, 이 지구상에는 지옥의 세계가 등장하게 된다. 왜냐하면 적그리스도의 출현뿐만이 아

니고 하나님의 진노가 동시에 이 지상에 내려지기 시작하기 때문이다. 그렇다 할지라도 많은 사람들은 하나님의 권능의 손이 이 지상에 역사하고 계심을 인정하지 않을 것이다.

하나님께서는 달의 표면에 크게 '회개하면 구원을 얻으리라'고 쓰고자 하시면 쓰실 수 있는 분이지만, 만약 그러한 초자연적인 일이 생긴다고 할지라도 믿지 않는 자들은 믿지 않을 것이다. 그러나 결국 그들은 돌이킬 수 없는 아주 늦을 때야 비로소 깨닫게 될 것이다.

어린아이의 탄생, 장미꽃의 향기, 말로 형용할 수 없는 아름다운 자연의 세계를 체험하면서도, 많은 사람들은 그것을 '우연의 산물'로 보면서 하나님의 존재를 좀처럼 인정치 아니하려는 것은 실로 커다란 의문일 수밖에 없다. 기다란 머리카락을 휘날리면서 뛰어가는 귀여운 딸아이의 모습을 보고도, 그것이 생물 화학적 산물로 빚어낸 진화의 결과라고 생각할 수 있는가?

[로마서 1:22,25]
22 스스로 지혜 있다 하나 우둔하게 되어
25 피조물을 조물주보다 더 경배하고 섬김이라.

맑게 빛나는 어린아이의 눈망울에서 하나님의 살아계심을 발견치 못하는 사람들은 결국 적그리스도에게 자신의 생명을 건네주어 버린 탓으로, 하나님의 존재를 인정하나 그의 권능은 결코 인정하지 않으려 한다.

그들은 적그리스도가 꾀하는 획책이 무엇인가 하는 지식이 있음에도 불구하고 세계통치, 세계평화라는 명목 아래 자신들의 모습을 감추고 있다. 이렇게 해서 교회가 사라지자마자 세계는 세 개의 부류로 나뉘어 싸우게 된다.

- 휴거 후 그리스도를 영접하는 사람들
- 그와 반대로 그리스도를 아는 지식이 생겼음에도 조직의 두려움 때문에 그리스도나 휴거의 사건을 모르는 척하는 사람들
- 그리고 불신앙에 그대로 머무르는 사람들

휴거 후 크리스천이 된 사람들이 적그리스도라는 새로운 대지도자의 이념에 의문을 품기 시작하면 그의 지지자들은 평화와 조화 그리고 형제에 대한 사랑을 내세우면서, 또한 그의 많은 공로를 찬양함으로써 의문의 소리를 봉쇄하려 할 것이다.

그러므로 유감스럽게도 휴거 후 크리스천이 된 사람들은 이때로부터 전개되는 환난을 벗어날 수가 없다. 그러나 하나님께서는 자기 백성을 구별하실 것이기 때문에, 하나님의 백성이 불신자들과 함께 환난을 겪게 하지는 않으실 것이다. 그러나 지상은 자연재해와 적그리스도에 의한 박해와 핍박, 그리고 순교의 시대를 맞이하게 된다.

하늘의 보좌

요한계시록 4장에는 지상에서의 교회 시대의 사건들로부터, 교회가 영광스러운 모습으로 바뀐 후의 천국 장면이 전개되고 있다. 사도 요한은 하늘 문이 열리며 장차 될 일들을 보는 듯한 나팔소리를 듣는다. 앞서 인용했던 고린도전서 15장 52절과 데살로니가전서 4장 16절에서도 휴거와 함께 울리게 되는 나팔소리에 대하여 언급하고 있다. 이미 데살로니가전서에서 천사의 소리에 관하여 이야기하고 있으므로 많은 신학자들은 계시록 4장이 휴거를 의미하고 있다고 생각하고 있다.

그러나 한 가지 주목할 사항은 천국의 건설을 위해서 그리스도가

재림하시기까지의 지상 세계의 교회에 관한 부분은 언급되어 있지 않다는 점이다. 여기에서 나타난 교회는 예를 들어 말하자면 계시록 7장 9-10절에서와 같이 천국에서 보이는 하나님의 구원을 찬양하고 있다. 천국에서 사도 요한의 눈을 매료시킨 첫 번째 모습은 보좌에 앉으신 하나님의 모습이다.

[계시록 4:3, 5-6]
3 앉으신 이의 모양이 벽옥과 홍보석 같고 또 무지개가 있어...
5 보좌로부터 번개와 음성과 뇌성이 나고...
6 보좌 앞에 수정과 같은 유리 바다가 있고...

하나님은 그룹(하나님의 보좌를 지키는 천사들)이라고 불리는 천사와 24장로들에 둘려서 앉아 있다. 구약의 예언자 에스겔 또한 이와 비슷한 하나님 보좌의 환상을 기록하고 있다.

[에스겔 1:26, 28]
26 그 머리 위에 있는 궁창 위에 보좌의 형상이 있는데 그 모양이 남보석 같고 그 보좌의 형상 위에 한 형상이 있어 사람의 모양 같더라.
28 그 사면 광채의 모양은 비오는 날 구름에 있는 무지개 같으니 이는 여호와의 영광의 형상의 모양이라.

에스겔은 또 10장에서도 하나님 보좌의 환상에 대하여 기록하고 있다. 또한 이사야 6장과 다니엘 7장에서도 하늘 보좌에 대하여 묘사하고 있다.

여기서 요한은 하나님께 향한 그룹 천사들의 아름다운 찬양을 들으며 보좌 앞에 면류관을 드리는 장로들을 본다. 그들은 하나님만이 모든 만물의 창조주가 되시며, 모든 만물은 하나님의 기쁨을 위해 지어졌으므로 모든 영광과 능력은 하나님의 것이라고 선언하고 있다. 바로 여기에 커다란 삶의 의미가 있다. 우리들은 하나님의 기쁨을 위하여 창조되었다.

물론 이러한 진리를 쉽게 수용하지 못하는 사람도 있다. 오직 자기 자신만의 기쁨을 위한 삶의 태도는 인생의 목적과 충족감을 이끌어 낼 수 없다. 왜냐하면 그러한 삶이란 인간 존재의 근본적 의미를 부여할 수 없기 때문이다.

그러나 다윗 왕이 "내 잔이 넘치나이다."(시편 23:5)라고 고백했던 것처럼, 우리 자신들이 주님의 기쁨을 위한 삶의 태도를 취한다면 우리의 인생이 채워질 뿐만 아니라 기쁨으로 넘치게 된다. "누구든지 제 목숨을 구원코자 하면 잃을 것이요 누구든지 나를 위하여 제 목숨을 잃으면 찾으리라"(마태복음 16:25)라고 주님께서 말씀하신 그대로다.

인봉을 뗌

5장에서는, 지상에서 대환난이 일어나려고 할 때에 하늘에서 일어나고 있는 모습을 사도 요한이 지켜보고 있다.

[계시록 5:1-4]
1 내가 보매 앉으신 이의 오른손에 책이 있으니 안팎으로 썼고 일곱 인으로 봉하였더라.
2 또 보매 힘 있는 천사가 큰 음성으로 외치기를 "누가 책을 펴며 그 인을 떼기에 합당하냐?" 하니,
3 하늘 위에나 땅 위에나 땅 아래에 능히 책을 펴거나 보거나 할 이가 없더라.
4 이 책을 펴거나 보거나 하기에 합당한 자가 보이지 않기로 내가 크게 울었더니

사도 요한이 왜 울고 있는 것일까? 우리는 이것을 알아야 할 필요가 있다. 유대인이 토지를 팔거나 채주에게 차압을 당할 경우, 팔았던 이는 증서에 적혀 있는 조건을 채우기만 하면 정하여진 기한 내에 다시 돌려받을 권리가 있었다. 토지매매의 경우 두 통의 증서가 만들어지는데, 한 통은 인봉되어서 금고 안에 보관되고 또 다른 한 통은 그대로 팔았던 이가 갖게 된다.

나중에 다시 되돌려 받으려고 할 경우에는 두 통의 증서를 가져와서, 먼저 팔았던 자가 인봉되지 않은 증서를 통해서 자신에게 되돌려 받을 수 있는 권리가 있음을 밝히고, 그리고 나서 매입자의 인봉된 증서를 펼쳐 거기에 기록된 조건을 채우면, 토지는 원래의 소유자에게로 되돌아갈 수 있다. 만약 그가 조건을 채우지 못한다면 친척 중의 한 사람이 행해도 된다. 그러나 그것이 가능하지 않았다면 그 토지는 영원히 잃어버리게 된다.

'이러한 사실이 계시록 5장에 기록되어 있는 하늘의 광경과 어떤 관련이 있을까?'라고 생각하시는 분들이 있을지도 모르겠다. 그러므로 나는 구약의 이야기를 조금 더 하고자 한다.

예언자 예레미야가 기록한 예레미야 32장에는 왕으로부터 진노를 받아 감금되어 있는 이야기가 등장한다. 예루살렘이 바벨론에 의해 함락된다는 예언을 선포한 까닭이다. 얼마 후 바벨론 군에 의해 성이 함락되자, 예레미야의 예언이 적중되었음이 많은 백성들의 눈에 의해 확인되었다. 그러한 가운데 숙부 하나멜이 와서 예레미야에게 자기의 밭을 사 주도록 부탁한다. 친척에게는 친척의 기업을 물려받을 수 있는 권리가 있었기 때문이다.

예레미야는 "무슨 바보 같은 소리를 하는 거요? 우리들은 머지않아 바벨론의 침략을 받아 70년간이나 그들의 포로가 되어 끌려간단 말이오. 당신의 밭 같은 것에 왜 내가 욕심을 부리겠소?"라고 말할 수도 있었다. 그러나 예레미야는 밭을 사서 두 통의 매매증서를 토기에 넣어 보존했다. 하나님을 향한 믿음의 표징으로서 그는 그 밭을 샀던 것이다.

그가 그 밭을 산 이유는 '잠시 동안 우리는 이 땅을 빼앗기리라. 그러나 언젠가 다시 돌아오리라. 영원토록 구속받는 일은 없으리라.'라는 믿음과 이 일을 통하여 다른 백성에게 하나님의 계획을 전하고자 했던 것이다.

자! 그렇다면 과연, 하나님의 오른손에 들려 있는 두루마리는 무엇을 가리키는 것일까? 실은 이 두루마리야말로 지구의 소유권을 인간에게 건네준 것을 뜻한다. 창세기 1장에서 하나님은 인간이 이 땅을 지배하고 관리하라고 명령하셨다.

그러나 인간은 하나님의 명령을 배반하고 사탄의 유혹에 빠져 선악과를 따 먹어 버렸다. 인간은 하나님과의 약속을 이행치 못한 채 모든 것을 사탄의 손에 건네주고 말았다. 그때부터 이 지구는 사탄이 지배하게 되었고, 이 세상의 모든 혼란은 그때로부터 시작되었다.

"아니! 이 세상이 사탄이 지배하고 있다고? 그건 말도 안 돼! 사탄은 그리스도가 십자가에 달림으로 인해 완전히 패배하지 않았는가?"라고 말씀하시는 분이 있을지도 모르겠다. 그리스도가 죽음에서 부활하셨을 때 분명히 사탄은 패배하지만, 아직도 그는 완전히 항복하지는 않고 있다.

그리스도의 십자가와 부활은 사탄에 대한 완전한 승리이지만 아직은 우리 모두가 그 모든 은혜를 받는 것은 아니다. 왜냐하면 십자가의 승리는 그것을 믿는 교회의 성도에 한해 허락된 것이기 때문이다. 지금의 세계는 사탄의 지배하에 있고 그리스도의 십자가상에서의 죽음에도 불구하고 사탄은 하나님을 향한 공격의 기회를 노리고 있다. 예수께서도 사탄을 세상 임금이라고 부르셨다.

계시록 13장 2절에 의하면 이 세계는 아직 사탄에게 속하여 있다고도 말할 수 있다. 사탄은 바다에서 올라온 짐승, 즉 적그리스도에게 이 세상을 넘겨준다. 그리스도를 통한 구속에 관하여서는, 히브리서 2장 8절에서와 같이 하나님은 이 세상의 만물을 그 발아래 복종케 하셨으나 우리들은 아직 그것을 보지 못하고 있는 것이다.

마태복음 4장에는 예수 그리스도가 공생애를 시작하시기 전, 사탄에게 시험을 받으시는 모습이 등장한다. 그 시험 중 하나는 사탄이 그리스도를 높은 산으로 끌고 가 발 밑에 펼쳐지는 만물을 보이면서 "만약 내게 엎드려 경배하면 이 모든 것을 네게 주리라."라고 말하는 것이었다.

그때 예수님은 "무슨 말이야? 사탄! 이 세상은 내 아버지의 것이야."라고 대답하지 않으셨다. 예수님은 이 지상의 소유자가 누구여야 하는 것에 대하여는 사탄과 쟁론치 않으셨다. 그것은 예수 그리스도께서 이 세계가 사탄의 지배 아래에 있다는 것을 잘 알고 계셨기 때문이다.

예수 그리스도의 사명은 사탄의 손에서 이 세계를 구속하시는 것이었다. 만일 한순간이라도 예수님께서 사탄에게 엎드렸다고 하면, 영원한 싸움은 사탄의 승리로 끝나고 말았을 것이다. 예수님은 이 세계의 구원을 위해 이 지상에 내려오셨고 자신의 피를 흘려주셨다. 그리스도의 죽음과 부활 없이는 이 세계는 사탄의 손으로부터 해방될 수 없다.

이 사실은 천국에서 전개되고 있는 사실의 묘사와 일치한다. 이 지구를 본래의 소유자 되시는 전능하신 하나님께로 회복하기 위한 증서가 있음에도 불구하고 그 인봉을 뗄 사람이 없는 것이다. 바로 그

때 이 세상 죄로 인하여 죽임을 당한 어린양, 예수 그리스도가 나오시는 것이다. 오직 예수 그리스도만이 인봉을 떼시고 더불어 이 땅을 구속하실 수 있다.

[계시록 5:5]
장로 중의 하나가 내게 말하되 "울지 마라. 유대 지파의 사자 다윗의 뿌리가 이기었으니 이 책과 그 일곱 인을 떼시리라." 하더라

천국에서의 이 장면은 아직은 실현되지 않았지만 머지않아 일어나게 되리라고 나는 믿는다.

그 어떤 정치가가 뭐라고 한다고 해도 이 세상을 구속할 만한 이는 없다. 4년마다 치러지는 미국의 대통령 선거 때마다 "제게 투표해 주신다면 불완전한 상태의 세상에서 구원시켜 드리겠습니다"라는 공약이 남발된다. 그러나 미국을 완전히 행복한 국가로 만든 대통령은 나타나지 않았다.

오직 전 세계를 구원하실 수 있는 이는 주 예수 그리스도밖에 없다. 사도 요한은 계시록 5장에서도 계속하여 다음과 같이 기록하고 있다.

[계시록 5:6-10]
6 내가 또 보니 보좌와 네 생물과 장로들 사이에 어린 양이 섰는데 일찍 죽임을 당한 것 같더라. 일곱 뿔과 일곱 눈이 있으니 이 눈은 온 땅에 보내심을 입은 하나님의 일곱 영이더라.
7 어린 양이 나아와서 보좌에 앉으신 이의 오른손에서 책을 취하시니라.
8 책을 취하시매 네 생물과 이십사 장로들이 어린 양 앞에 엎드려 각각 거문고와 향이 가득한 금 대접을 가졌으니 이 향은 성도의 기도들이라.

9 새 노래를 노래하여 가로되 "책을 가지시고 그 인봉은 떼기에 합당
하시도다. 일찍 죽임을 당하사 각 족속과 방언과 백성과 나라 가운
데서 사람들을 피로 사서 하나님께 드리시고,
10 저희로 우리 하나님 앞에서 나라와 제사장을 삼으셨으니 저희가
땅에서 왕 노릇 하리로다 하더라.

그러므로 주께서 말씀하신 바와 같이 이것은 바로 그리스도가 경고
한 대환난 시대의 도래를 의미한다.

"이러므로 너희는 장차 올 이 모든 일(대환난 시대에 일어날 모든 사
건)을 능히 피하고 인자 앞에 서도록 항상 기도하며 깨어 있으라"(
눅 21:36).

죽임당한 어린 양이 앞으로 나아와 하나님의 손으로부터 문서를 취
하신 후 인봉을 떼게 되는데, 이것은 하나님의 계획하심대로 이
세계를 회복시키기 위함이다. 이러한 사실이 궁극적으로는 이 지구
에 있어서 참 좋은 소식이지만 인봉이 떼어지면 정의로우신 하나님
의 심판이 내려지게 된다.

첫 번째 인이 떼임과 동시에 우레와도 같은 소리가 울려 퍼졌다.

"내가 이에 보니 흰 말이 있는데 그 탄 자가 활을 가졌고 면류관을 받
고 나가서 이기고 또 이기려고 하더라"(계시록 6:2)

흰 말을 탄 자는 적그리스도임이 틀림없다. 이 지상과 함께 모든 사
람들을 지배하고자 하는 사단이 최후의 발악을 하는 모습으로 등장
한다. 그는 흰 말을 타고 구세주로 가장하지만, 그의 목적은 전 인
류의 파괴와 노예화다.

그다음 두 번째 인이 떼어지고 불과도 같은 붉은 말이 나타난다. 그

붉은 말을 탄 자는 이 지상의 모든 평화를 빼앗으며, 전쟁을 일으킬 수 있는 능력도 갖고 있다. 다시 말하면 이 지상에 엄청난 전쟁이 일어나려고 하고 있음을 뜻한다.

다음에 세 번째 인이 떼어지고 검은 말이 등장한다. 검은 말을 탄 자는 저울을 손에 들고 있다. 흥미롭게도 이 말이 나타날 때 요한은 다음과 같은 음성을 듣는다.

"한 데나리온에 밀 한 되요, 한 데나리온에 보리 석 되로다. 또 감람유와 포도주는 해치 말라"(계시록 6:6).

검은 말의 출현은 지구상에 일어날 대기근을 의미한다. 최근 소말리아를 비롯한 아프리카 일대에서 일어난 가뭄 때문에 생긴 기근이 전 세계적인 규모로 확대되는 모습을 상상해 보라. TV에서 볼 수 있는 굶주린 어린이, 눈망울의 주위가 움푹 패인 채 뼈와 살가죽만 남겨진 수많은 어머니들이 손을 내밀어 구호품을 타려 하는 TV 영상을 볼 때, 우리의 마음 또한 찢어지는 아픔을 느낀다. 그러한 상황이 머지않아 풍요롭기만 한 서방국가와 아시아 경제대국에서도 목격하게 될 것이다.

대환난 시대에 부자가 되려는 사람이 있다면 밀을 잔뜩 사 두는 것이 좋을 것이다. 틀림없이 그는 거부가 될 수 있을 것이다. 그러나 그는 얼마 가지 않아서 지옥의 최고 거부가 될 것이다.

전쟁을 상징하는 말의 뒤를 이어, 기근을 상징하는 말과 사람이 등장하는 데에는 의미가 있다. 그 전쟁에는 대량의 핵무기가 사용될 것인데, 그 결과로 모든 작물이 불에 타 버리며 세계적 규모의 기근이 일어나게 되기 때문이다.

체르노빌의 원자력 발전소 사고 이후 유럽에 끼쳤던 영향력을 생각한다면 핵전쟁으로 인한 농작물 생산 피해가 어떠할지 가히 짐작할 수 있다. 서구에서 생산된 우유까지도 방사능 오염 영향을 미칠 정도였다면, 세계 전면적인 핵전쟁의 피해는 상상하기조차 어렵다. 그러나 우리 그리스도의 의인들은 그러한 상황에 직면하지 않는다.

다음으로 네 번째 인이 떼임과 함께 청황색 말을 탄 사람이 나타나면, 이제까지의 것 이상으로 무서운 상황이 전개된다.

> "내가 보매 청황색 말이 나오는데 그 탄 자의 이름은 사망이니 음부가 그 뒤를 따르더라. 저희가 땅 사분 일의 권세를 얻어 검과 흉년과 사망과 땅의 짐승으로써 죽이더라"(계시록 6:8).

하나님의 두렵고 합당한 심판이 네 번째 말을 타고 나타난 사람에 의해서 내려지는데, 하나님께 등을 돌린 자들, 다시 말하면 하나님께서 보내 주신 독생자 예수 그리스도의 보혈에 의한 구원을 경멸하고 거절하였던 자들에게 내려지게 된다.

15억 인의 죽음

사도 요한은 여기 이 시점에서, 지상의 4분의 1의 사람들이 전쟁, 기근, 그 밖의 전염병으로 죽게 된다고 증거하였다. 현재 지구의 전 인구가 75억을 넘었지만 그 중에 20%가 크리스천이라고 가정하면, 휴거 후에도 60억의 사람들이 지상에 남겨져 대환난 시대를 시작하는 시점에서 15억의 사람들이 죽는다. 이것은 상상을 초월한 숫자다. 만약 1초에 한 사람씩 센다고 해도 32년이나 걸린다고 할 때 15억의 죽음에 대하여 상상할 수 있겠는가?

예를 들면 제1차 세계대전 때에 일백만 명의 사망자가 있었다. 커다란 비극이었지만 많은 사람들은 "전쟁을 종결시키는 전쟁이다."

라는 말로 자신들을 위로했다. 그러나 2년 후에는 더 커다란 전쟁이 일어나 오천만 명에 가까운 사람들이 죽었다. 이 가운데는 수많은 일반 시민들도 포함되어 있고, 히틀러의 손에 의해서 학살당했던 수백만 명의 사람들도 들어 있다.

히로시마와 나가사키의 원폭 버섯구름 사진을 보았는가? 또한 대공습 때 베를린 수용소에서 나무판자를 포개어 놓은 것처럼 쌓여 있는 시체들의 사진을 보았는가? 우리가 이러한 시대를 살아왔다는 사실에 대한 공포에 부들부들 떨지 않을 수 없다. 그러나 이와 같은 과거의 전쟁들은 이제부터 나타날 사건들과 감히 비교할 수조차 없을 것이다.

네 번째 말의 출현 후, 다섯 번째 인봉이 풀리면서, 사도 요한은 하나님에 대한 믿음으로 인하여 순교 당한 사람들의 영혼들을 보게 된다.

[계시록 6:9-11]
9 다섯째 인을 떼실 때에 내가 보니 하나님의 말씀과 저희의 가진 증거를 인하여 죽임을 당한 영혼들이 제단 아래 있어
10 큰 소리로 불러 가로되 거룩하고 참되신 대주재여 땅에 거하는 자들을 심판하여 우리 피를 신원하여 주지 아니하시기를 어느 때까지 하시려나이까 하니
11 각각 저희에게 흰 두루마기를 주시며 가라사대 아직 잠시 동안 쉬되 저희 동무 종들과 형제들도 자기처럼 죽임을 받아 그 수가 차기까지 하라 하시더라

혹시 이 사람들이 로마 제국의 박해로 인하여 순교 당하였던 자들일까? 아니면 '철의 장막'의 배후에서 죽임을 당한 자들일까? 그러나 이런 생각은 하지 않는 것이 좋겠다. 그것들은 이미 지나간 날들의 기억이다. 그러나 여기 기록된 것은 장차 그러나 이제 곧 이 땅

에 남아 있는 사람들 앞에서 펼쳐질 일들이다. 그러므로 여기에 죽임을 당하는 이 사람들은 대환난 시대에 순교하게 되는 그리스도인들의 영혼이다.

아래 성경의 기록에 따르면 적그리스도가 출현할 때 그들은 성도들과의 영적 전쟁에 있어서 승리 할 수 있는 능력을 갖고 있다.

"또 권세를 받아 성도들과 싸워 이기게 되고 각 족속과 백성과 방언과 나라를 다스리는 권세를 받으니"[계 13:7]

과연 여기에서 말하는 '성도'란 누구인가? 분명한 것은 이들은 교회 속에 소속된 성도가 아니라는 것이다. 그 이유는 주께서 교회를 말씀하시면서 '음부의 권세가 이기지 못하리라'(마16:18)고 말씀하셨기 때문이다. 그러나 여기에 언급된 성도들은 이미 사단의 세력 속에 들어 왔다.

그러나 기대할 것은 교회가 휴거된 후 지상에는 여태까지 없었던 대규모의 리바이벌이 일어난다. 지금까지 성경의 메시지를 들어도 전혀 관심을 나타내지 않았던 사람들이 돌연 진리에 눈을 떠 몇백만의 사람들이 그리스도를 믿게 된다. 이 모든 사람들이 마지막 순간까지 충성된 믿음을 지키는 것은 아니지만, 죽음으로 믿음을 지킨 사람들은 적그리스도의 잔인한 박해에 직면하게 된다.

적그리스도는 그들을 멸하는 것만이 아니고, 모든 매스컴을 동원하여 모든 악의 근원이 크리스천에게 있다고 믿지 않는 사람들을 세뇌할 것이다. 왜곡된 정보 유출이 계속됨으로 인하여 히틀러가 독일인에게 반유대인 감정을 주입하는 일에 성공했던 것과 마찬가지로 휴거를 하지 못한 크리스천들은 이 세상의 모든 것으로부터 극한 박해를 당함으로써 수백만 명이 죽게 될 것이다.

크리스천을 향한 이러한 반감은 교회의 휴거 후 곧바로 일어나리라 생각된다. 즉, 크리스천이 휴거될 때는 불신자인 친척과 그 친구들에게 그들의 소유물 전부를 남겨 두고 가기 때문에 적그리스도와 그의 추종자들은 이렇게 말할 것이다.

"이것 봐! 크리스천들이 모습을 감추게 되니까 이렇게 우리의 생활환경이 풍요로워지고 있잖아? 그러므로 이 지구상의 크리스천들이 전부 없어진다면 얼마나 더 세상이 좋아지겠는가?"

지난 과거 나치즘의 맹렬한 악선전에 미혹되어 다른 나라 사람들까지도 유대인들에 대한 증오와 편견을 갖게 되었었다. 당시의 독일은 전쟁 준비로 인해 발생된 경제적 문제를 모두 유대인의 탓으로 돌렸다. 그러나 그 어떠한 상황이라 할지라도 누군가의 탓으로 돌리는 것은 비겁자의 행동이다.

휴거 후에 거듭난 크리스천에 대한 박해는 그들이 적그리스도가 노리고 있는 것이 무엇인가를 미리 살펴서 철저하게 폭로하고 반항한 결과라고 할 수 있다. 그러나 적그리스도의 통치에 대한 반역은 용인될 수 없다.

그때 적그리스도는 "크리스천이야말로 진보와 평화와 합리적 균형에 있어서 장애물이기 때문에 제거해야 한다" 공포하여 자신의 통치이념을 정당화시킬 것이다. 그는 또 "방황하는 불쌍한 예수쟁이 영혼들의 죽음은 세계 번영의 토대가 될 것이다!"라고 선언할 것이다.

혹시 이 글을 보는 사람들은 '그렇다고 주변 사람들이 이러한 엄청난 일을 그저 방관할 수만 있겠는가?'라고 생각하는 사람도 있을 것이다. 그러나 놀랍게도 이러한 일은 20세기 초 공산주의가 시작될 당시와 매우 흡사할 것이다. 공산주의 통치자들은 국가가 사라지고 사람들이 평화와 화해 가운데 유복한 생활을 할 수 있는 유토피아를 만든다는 미명하에 수백만 명의 생명을 빼앗았다.

오 육천만 명의 사람들을 죽인 다음에 전쟁도, 굶주림도, 고통도 없는 세계가 임한다고 할지라도 그것은 너무나 큰 희생이 아닌가? 영원한 평화, 동포애를 바라는 자들이 어찌 무죄한 사람들을 박해하며 학살할 수 있겠는가? 이는 사탄이 사람들의 마음을 속이는 것이다. 공산주의자들은 자신들이 행한 일들은 장기적 안목에서 선하게 나타날 것이라고 믿었다. 그러므로 예수께서 '때가 이르면 무릇 너희를 죽이는 자가 생각하기를 이것이 하나님을 섬기는 예라 하리라'(요16:2) 말씀하셨다.

그때 적그리스도는 자기 지배하에 있는 세계인들에게 세계시민의 표를 받도록 명령할 것이다. 그러나 성경의 기록된 말씀을 믿고 그것을 거부한 크리스천들은 극심한 박해와 고문을 당하게 된다. 이 대학살의 희생자들은 유대인뿐만이 아니고 휴거 후 믿게 된 크리스천들까지 포함될 것이다.

다음으로 여섯 번째 인이 떼어질 때 요한은 큰 지진을 목격한다. 그때 태양은 어두워지면 달은 피처럼 붉게 물들며 별이 땅에 떨어진다고 그는 기록하고 있다.

[계시록 6:14-17]
14 하늘은 종이 축이 말리는 것같이 떠나가고 각 산과 섬이 제 자리에서 옮기우매,
15 땅의 임금들과 왕족들과 장군들과 부자들과 강한 자들과 각 종과 자주자가 굴과 산 바위 틈에 숨어
16 산과 바위에게 이르되 우리 위에 떨어져 보좌에 앉으신 이의 낯에서와 어린 양의 진노에서 우리를 가리우라.
17 그들의 진노의 큰 날이 이르렀으니 누가 능히 서리요? 하더라.

이제 여섯 번째 인이 떼어지자 지구가 흔들리며 지표의 변화가 일어난다. 섬들은 바다에 가라앉고, 높은 산이 무너지며, 별이 하늘에서 떨어진다.

여러분은 혹시 남극 대륙의 얼음 속에서 얼어붙은 열대 식물이 발견되었다는 이야기를 들어 보신 적이 있는가? 또 시베리아에서는 얼음 속에 갇혀 있는 맘모스가 발견되었는데 그 가운데 한 마리의 입속에서 20세기 시베리아에서는 존재할 수 없는 식물이 발견되었다는 이야기도 들어 보았는가? 이는 섭씨 20℃ 정도의 상태에서 열대 식물을 먹고 있던 맘모스가 갑자기 얼어붙어 버린 것이다. 우리는 지구 역사 속의 이야기로만 알고 있지만 사도 요한은 이러한 일들이 우리가 사는 이 세상에서 다시 생길 것이라고 경고하고 있다.

별이 하늘에서 떨어질 때

아리조나주 윈스터라는 곳에서 가까운 사막에는 폭 1.7km, 깊이 180m 정도의 웅덩이가 있다. 이것을 보고 과학자들은 몇천 년 전 운석이 지구에 충돌하였다고 말한다. 어쩌면 그 충격으로 평균 400m 정도의 바위와 흙이 치솟아 지축의 방향을 변화하게 하고 순식간에 아열대의 땅을 빙하의 세계로 만들었는지도 모른다. 또한 이 지구에는 지축의 변화에 의해서 산들이 무너지고 섬들이 사라져 버린 사건도 있었다.

몇천 톤의 흙먼지나 티끌이 공중으로 치솟게 되면 마치 화산이 분화하는 것처럼 지구의 대기를 변화시켜 버린다. 그 순간에는 해가 어두워지고 달 또한 핏덩이처럼 보이게 될 것이다. 물론 충돌하는 순간에 대지진이 발생할 것이다. 내 주장이 과장된 것처럼 들릴지도 모르지만 그러나 오늘 우리 눈으로 보는 열대 식물을 입에 물고 있는 냉동 맘모스의 수수께끼를 다른 방법으로 명쾌하게 풀어 볼 방법이 없다.

여섯 번째의 인이 떼어지는 순간 어떤 일이 일어날까?
사도 요한의 말을 기억하라.

[계 6:12-14]
12 내가 보니 여섯째 인을 떼실 때에 큰 지진이 나며 해가 총담 같이
   검어지고 온 달이 피같이 되며
13 하늘의 별들이 무화과나무가 대풍에 흔들려 선 과실이 떨어지는
   것같이 땅에 떨어지며
14 하늘은 종이 축이 말리는 것같이 떠나가고 각 산과 섬이 제 자리
   에서 옮기우매

아리조나 사막에 떨어졌던 것 같은, 또는 그 이상의 운석이 몇십 개,
몇백 개가 지구에 떨어지는 것을 상상해 보라. 과연 어느 정도의 파
괴 현상이 일어날까? 설혹 사도 요한이 여기에서 말하고 있는 바가
내가 말한 것과 같은 것이 아니라 할지라도, 우리가 사는 지구 위에
가공할 만한 재난이 일어난다는 것만큼은 확실하다. 그날의 모습에
대하여 구약의 선지자 요엘은 이렇게 예언하고 있다.

[요엘 2:10-11]
그 앞에서 땅이 진동하며 하늘이 떨며 일월이 캄캄하며 별들이 빛을
거두도다. 여호와께서 그 군대 앞에서 소리를 발하시고 그 진은 심히
크고 그 명령을 행하는 자는 강하니 여호와의 날이 크고 심히 두렵도
다. 당할 자가 누구이랴

하늘 위에서 하나님과 함께 있게 될 자 이외에는 하나님의 진노의
날을 피할 자는 한 사람도 없다. 그러나 크리스천은 다음과 같은 사
도 바울의 편지에서 위로를 받는다.

'하나님이 우리를 세우심은 노하심에 이르게 하심이 아니요 오직 우리 주 예수 그리스도로 말미암아 구원을 얻게 하신 것이라'(살전5:9) '그러면 이제 우리가 그 피를 인하여 의롭다 하심을 얻었은즉 더욱 그로 말미암아 진노하심에서 구원을 얻을 것이니'(롬5:9).

확실한 것은 우리가 사는 이 지구가 공포의 시대를 맞이하게 되는 것만큼은 틀림없다. 그러나 피할 길이 있다. 만약 당신이 그리스도에게 속해 있다면 당신에게는 이미 피할 길이 주어진 것이다.

제4장

일곱 인(印)
계시록 7장~9장

캘리포니아의 사막을 자동차로 달리다가 팜 스프링스에 접어들면, 우주에서나 온 것 같은 바람개비처럼 생긴 기계가 몇 줄이나 길게 늘어서 있는 것을 볼 수 있다. 도대체 무엇일까 하고 생각하며 가까이 가 보면 프로펠러가 달린 대형 비행물체가 나타난다. 처음에는 20~30대 정도가 있었는데 몇 년 후에는 몇백 개가 되더니 이제는 수천 개 정도로 많아졌다. 그것은 다름 아닌 전기 발전 풍차다. 시골의 농장에서 보았던 것과는 달리 마치 우주 시대를 연상케 하는 모습이다.

왜 그러한 것들이 팜 스프링스 사막에 있는 걸까? 그것은 그 주변 일대에 불고 있는 바람을 전력으로 바꿀 방법을 생각한 사람이 있었기 때문이다. 바람이 불어 주기를 바라면서 그들은 풍차 건설에 투자했다. 바람이 얼마만큼 불어 주느냐에 따라 발전량이 증가하며, 그 전기를 전력회사에 팔 수 있게 된다.

학생 때부터 나는 수차례에 걸쳐 그곳을 지나다녔지만 바람을 이용하여 무엇을 만든다는 것은 생각해 보지도 못했다. 그뿐 아니라 나는 바람이라는 것은 해로운 것으로 생각하고 있었다. 어떤 때에는 너무 세게 불어서 달리는 자동차의 핸들을 잘못 조정하게 해 탈선하는 사고를 일으키게 하는 경우도 있고, 때로는 치솟아 오른 모래, 흙먼지로 인하여 시야를 방해하는 일도 있었기 때문이다. 이렇게 내가 마이너스 효과밖에는 생각지 않았던 바람이지만 어떤 사람은 그것을 다른 방면으로 이용한 것이다.

이와 같이 당신의 의견이 어찌 되었든지 간에 바람 또한 하나님께서 창조하신 것이므로 어느 날 갑자기 바람이 불지 않게 된다면 지구상의 모든 사람에게 큰일이 일어난다. 그러한 일이 계시록 7장에 나타난다.

[계시록 7:1]
"이 일 후에 내가 네 천사가 땅 네 모퉁이에 선 것을 보니 땅의 사방의 바람을 붙잡아 바람으로 하여금 땅에나 바다에나 각종 나무에 불지 못하게 하더라"

바람이 불지 않게 한다면 과연 어떤 일이 벌어질까? 먼저는 대기오염이 발생한다. 그리고 비도 내리지 않게 될 것이다. 바닷물이 증발하면 바람에 의해서 수증기가 육지로 옮겨지고 기온이 내려가 구름이 되기도 하고 비가 되기도 하고 눈이 되기도 한다. 그러나 바람이 없다면 증발한 수분은 수직으로 올라가 공기 중에 머물러 버릴 것이다.

이와 같이 바람은 때로는 해로운 것이지만 하나님께서 우주를 운행함에 있어서 허락하신 중요한 시스템 중의 하나이다. 그러므로 하나님께서 천사를 보내어 바람을 멈추게 하였을 때, 땅에 있는 사람들은 그것이 얼마나 중요한 것인가를 깨닫게 될 것이다.

그다음에는 이 땅 위에 24개월이나 비가 내리지 않는다고 기록되었다. 24개월의 기근이 다 끝나기도 전에 이 땅은 사막과 같은 황폐한 땅으로 바뀌게 된다. 이 내용에 대해서는 이 다음 부분에서 언급하겠지만, 이 단계만으로도 지구는 공포의 상황이 되고 만다.

그러나 이때에는 바람도 자고 완전한 적막이 세계를 지배하고 있다. 이것은 그야말로 폭풍 전야의 고요함과 같이 하나님의 진노와 심판이 일어나기 전에 일시적으로 억눌려져 있는 상태인 것이다. 바람이 멈춤으로써 많은 사람들은 안심하지만, 시간이 지나면 다시 불안의 비명을 지르게 된다.

사도 요한은 다음과 같이 기록하였다;

[계시록 7장 2,3절]
2 또 보매 다른 천사가 살아 계신 하나님의 인을 가지고 해 돋는 데로 부터 올라와서 땅과 바다를 해롭게 할 권세를 얻은 네 천사를 향하여 큰소리로 외쳐
3 가로되 우리가 우리 하나님의 종들의 이마에 인치기까지 땅이나 바다나 나무나 해하지 말라 하더라

여기에서 하나님은 휴식을 원하신다. 아직 이 땅에 생존하면서 그리스도를 구세주로서 영접한 자들에게 인을 치시며, 그들이 하나님께 속하지 아니한 자들과 함께 운명을 같이하지 않도록 부르시고 택하신다.

혹시 당신은 '과연 이 환난에서 어떻게 하나님의 백성만을 구원하시겠는가?'라고 생각하겠지만 하나님께서는 사람이 아니고 신이시기 때문에 간단하게 구별하여 구원하실 수가 있다. 예를 들면 이스라엘 백성이 애굽에서 노예로 있었을 때 그들에게 임했던 전염병들을 기억해 보라(출애굽기 7~11장). 그때 하나님의 백성들은 사전에 하나님의 경고를 받든지, 아니면 하나님의 초자연적인 능력의 보호하심으로 인하여 그러한 대재난에서 피할 수가 있었다.

이때 계시록 7장에 기록과 같이 이스라엘 자손의 각 지파 중에서 14만 4천 명이 하나님의 백성들이 천사들에 의해서 인침을 받는다.

그것이 육안으로 볼 수 있는 표시일지 아니면 영적인 표시일까 하는 것은 우리가 알 수 없지만, 하나님은 능히 보실 수 있다.

과연 '14만 4천 명이 누구인가?'에 대해서는 의견이 분분하다. 여호와의 증인 사람들은 자신들이 그 인침받은 14만 4천의 사람들로서, 천국으로 변한 지구를 물려받을 것이라고 말하고 그렇게 믿고 있다. 그러나 유감스럽게도 그 14만 4천 명은 여호와의 증인이 아니다.

자칭 하버드 암스트롱가의 신이라고 말하는 '월드와이드교회'도 마찬가지이다. 그곳의 교리를 믿는 자들은 헌금을 많이 바치면 14만 4천의 숫자 안에 들어가리라고 믿고, 그 교회 또한 그때가 오면 안전한 장소로 피난할 수 있도록 교회 신자 모두에게 전보를 쳐 주겠다고 약속까지 하고 있다.

그러나 다시 말하지만, 당신이 그 종교단체에 아무리 많은 고액의 헌금을 한다고 할지라도 14만 4천의 숫자에 포함될 수는 없다. 그들은 14만 4천 명이 자신들의 교회일 것이라 오랫동안 선언해 왔지만, 그것은 성경을 자기들 나름대로 해석해서 미혹하는 거짓말이다.

- 첫번째, 14만 4천 명은 교회가 이 땅에서 들림을 받을 때 휴거되지 못하고 대환난 시대에서야 하나님께 돌아온 사람들이라는 것을 알아야 한다.
- 두 번째, 이들은 기록된 것처럼 유대인의 여러 지파사람들이다. 즉, 종말의 때에 예수 그리스도를 주로 영접한 유대인의 지파들이다. 그러므로 유대인이 아닌 당신들은 꿈도 꾸지 말아야 한다. 더 두려운 것은 이 일은 대환난 중에 일어난 것이므로 당신이 이때까지 남아 있다면 당신은 대환난의 재앙을 받아야 한다는 것이다.

14만 4천 명에게 인이 쳐지는 동안, 천국에 있는 자들은 그들의 영혼이 구원함을 얻는 것으로 인하여 하나님께 경배하며 찬양하게 된다. 그들은 예수 그리스도를 주로 믿음으로 인하여 대환난 시대에 순교당하여 목숨을 잃는 자들이다. 지상에서 벌어지는 공포의 순간을 통과한 순교자들에 대해서 요한은 다음과 같이 증거하였다.

[계시록 7:16-17]
16 저희가 다시 주리지도 아니하며 목마르지도 아니하고 해나 아무 뜨거운 기운에 상하지 아니할지니,
17 이는 보좌 가운데 계신 어린 양이 저희의 목자가 되사 생명수 샘으로 인도하시고 하나님께서 저희 눈에서 모든 눈물을 씻어 주실 것임 이러라.

이 사람들이 커다란 목소리로 열렬하게 하나님을 찬양하는 것은 무리가 아니다. 그리고 나서 일곱째 인이 풀린다. 모든 노래와 찬양이 멈추고, 반 시간 정도의 완전한 정적이 임하게 된다. 다음에 벌어지는 엄청난 사건이 임박하면서 모든 것이 돌연 정지한다.

하나님의 능력이 움직이기 시작함과 동시에 우주에는 감당할 수 없는 고요가 임하게 된다. 그리고 모든 것들은 하나님의 위대하심을 느끼며, 오직 하나님 앞에 무릎을 꿇고, 고요하게 하나님을 경배한다. 하나님의 실재와 그 하나님께서 하나님 자신을 위하여 그의 뜻대로 하심에 대하여 아무런 말도 할 수 없다.

이것이야말로 일곱 번째의 인이 열리는 순간에 천국에서 벌어지는 사건이다. 침묵 그 자체가 하나님의 위대하심이라는 것과 이제부터 땅 위에서 일어나는 일들에 대하여 깨닫게 한다. 다음으로 하나님의 일곱 심판이 있게 된다.

나는 계시록 8장을 읽을 때마다 7월 4일 미국 독립 기념일에 쏘아

지는 불꽃들을 연상한다. 하나의 불꽃이 소리를 내면서 튕겨 나갈 때 우리가 매료되어 바라보는 순간, 또 하나의 다른 불꽃이 하늘 위를 수놓는다. 일곱 심판 또한 이와 같이 숨돌릴만한 여유도 없이 찾아오게 될 것이다.

일곱 천사가 일곱 개의 나팔을 가지고 있다. 나팔이 울려 퍼지는 순간 하나님의 진노가 내려 올 것이라고 사도 요한은 증거하고 있다.

첫째 나팔로 인하여 피 섞인 우박과 불이 나서 땅에 쏟아진다;

[계시록 8:7]
땅의 삼분의 일이 타 버리고 수목의 삼분의 일도 타 버리고 각종 푸른 풀도 타 버렸더라

앞에서 아리조나주에 있는 운석이 떨어져서 생긴 거대한 웅덩이 '크레타'를 만들었던 것과 같은 크기의 유성이 지구에 충돌한 경우, 지구가 입게 될 피해에 대하여 말했지만, 이곳 여러 곳에는 고성능 망원경을 장치한 천체 관측소가 세워졌다. 이 관측의 주된 목적의 하나는 지구에 충돌할 가능성을 가지고 있는 혹성을 살피는 것인데, 혹성의 숫자가 이미 2,000개 이상으로 확인되었다.

그중의 몇 개는 직경이 770km이나 된다고 하니 우리가 생각하는 것처럼 작은 돌덩이와 같은 것만은 아니다. 직경이 1km 가량인 소혹성이라 할지라도 직접 지구에 부딪힌다면 그 피해는 전면적인 핵 전쟁 이상의 것이 되리라고 학자들은 말하고 있다.

어떤 과학자는 만일 지구가 충돌의 위험에 처한다고 하면 핵탄두 미사일이라도 쏘아 올려서 그 소혹성을 파괴해야 한다고 주장한다. 그러나 그 계획이 성공할는지 실패할는지는 아무도 알 수 없다. 만약 그렇게까지 되었다면 성공을 비는 일 밖에는 우리가 할 수 있는

일이 없을 것이다.

그러나 지구는 자전하면서도 우주 속을 움직이고 있기 때문에 거대한 소혹성이 충돌한다면 자전이 멈춘다거나, 반전할지도 모른다. 확실한 것은 이전의 같은 코스를 동일하게 운행할 수는 없게 된다는 것이다. 물론 지구가 절대적으로 소혹성과 충돌하리라는 말은 아니다. 과학자들은 백만분의 삼의 확률이라고 하는데 그들의 주장은 가능성 있다.

과거에 가장 지구에 근접하였던 소혹성은 1937년에 지구로부터 80만km까지 접근했었다. 그 거리가 그다지 가깝다고는 할 수 없지만 방향이나 스피드가 극히 조금이라도 바뀌었었다면 지구와 정면충돌 했을지도 모른다.

또 많은 과학자들은 1909년에 고혹성과 비교하여 훨씬 더 적은 파편이 시베리아에 낙하하여 커다란 파괴를 초래하였다고 한다. 그 폭발로 수백 제곱미터 내의 나무나 동물들이 죽었다고 한다. 가득한 짙은 녹색의 삼림이 순식간에 황폐한 땅이 되고 말았다. 과연 이것이 무엇이었는가는 100% 확실한 확증은 없지만, 우주를 떠다니는 혜성이 충돌한 것이 아니었겠나 하고 생각 할 수 있다.

소돔과 고모라의 재현

창세기에는 하나님께서 불과 유황을 비처럼 쏟으심으로써 소돔과 고모라라는 두 개의 성읍을 멸망시키신 사건이 기록되어 있다. 그렇다면 소돔과 고모라는 유성과 혜성에 의해 땅의 표면 위에서 모습을 감추어 버린 것일까? 아니면 천사가 일곱 번째 인이 뗄 때 이와 같은 일이 일어나는 것일까? 이런 의문들을 제기하는 분도 있겠지만, 불이 하늘로서 내려와서 이 지구를 불태운다는 것은 초자연적인 하나님의 기사이다.

물론 우리는 현대적 현실 감각으로 미루어 추측할 수도 있지만, 하나님께서는 그 계획을 수행하심에 있어서 떠다니는 천체의 유성까지도 사용하실 수 있다는 것을 기억해야 한다. 그러나 우리는 육안으로는 하나님의 능력의 손을 볼 수 없다.

그러나 우리 삶에서, 하나님의 치료함과 경제적 위기로부터 보호받으며 많은 은혜를 체험했음에도 불구하고 사람들은 얼마 지나지 않아서 하나님의 존재에 대하여 깊은 의심을 품고 다음과 같이 말한다.

"과연 하나님께서 이 일을 하셨는지는 나로서는 알 수가 없어."

그러나 하나님의 능력을 보기 위해서는 오직 믿음이 아니고는 불가능하다. 따라서 하나님을 믿으려고 하지 않는 사람들은 모든 것에서 언제나 뒷걸음만 치게 될 것이다.

자! 이제 둘째 천사가 나팔을 분다.

[계시록 8:8-9]
8 둘째 천사가 나팔을 부니 불붙는 큰 산과 같은 것이 바다에 던지우매 바다의 삼분의 일이 피가 되고
9 바다 가운데 생명 가진 피조물들의 삼분의 일이 죽고 배들의 삼분의 일이 깨어지더라.

여기서의 묘사 또한 뭔가 거대한 운석이나 소혹성이 낙하하면서 붉은 불꽃으로 되어 있는 것처럼 보인다. 만약 그렇다면 그 결과로서 첫째는 수백 킬로미터 이내의 범위에서 바다 생물이 멸하여지고, 두 번째는 해일로 인해 배들이 가라앉고 해안선 가까운 거리는 파

괴될 것이다. 또한 바다도 오염되어 마치 '적조' 현상의 결과가 나타나 모든 바다 생물이 죽게 될 것이다. 그리고 파괴는 계속 이어질 것이다.

세 번째 천사의 나팔이 울려 퍼지면서 연속하여 물에 관한 재앙이 떨어진다.

[계시록 8:10]
횃불같이 타는 큰 별이 하늘에서 떨어져 강들의 삼분의 일과 여러 물 샘에 떨어지니

계속해서 요한은 '그 물들이 쓰게 됨을 인하여 많은 사람이 죽더라' 라고 기록하였다. 적그리스도의 시대에 42개월이나 비가 내리지 않음으로 인하여 물 부족 현상이 일어나 물의 존재는 더없이 귀해진 세상에서 별이 떨어져 내림으로 남은 물까지도 오염된 것이다.

[계시록 8:12]
넷째 천사가 나팔을 부니 해 삼분의 일과 달 삼분의 일과 별들의 삼분의 일이 침을 받아 그 삼분의 일이 어두워지니 낮 삼분의 일은 비침이 없고 밤도 그러하더라

여기에서 상상할 수 있는 것은 지구에 가공할 만한 대량의 운석이 퍼부어짐으로써, 그 파편이나 먼지가 대기 중으로 치솟아 태양과 달과 별의 빛을 가로막아 버린다. 1980년 세인트 헬렌즈 화산이 분화되었을 때, 화산이 품어낸 연기와 화산재가 워싱턴주 전체를 뒤덮어, 대낮에도 저녁과 같이 어두워졌었다.

따라서 지구를 덮친 처음 네 차례의 심판으로 인해 세상이 얼마만큼 공포의 상태가 되겠는가 하는 것을 상상해 보라. 먼저 지상의 삼림과 수풀, 작물이 파괴되고, 바다의 생물 또한 죽고, 바다와 대기

의 오염으로 인하여 일어나는 현상들이다. 이러한 무시무시한 사건이 일어난 다음, 사도 요한은 독수리 한 마리가 공중을 날면서 외치는 것을 본다.

[계시록 8:13]
내가 또 보고 들으니 공중에 날아가는 독수리가 큰소리로 이르되 "땅에 거하는 자들에게 화, 화, 화가 있으리로다! 이 외에도 세 천사의 불 나팔 소리를 인함이로다!"하더라.

이 독수리가 "화가 있으리로다!"라고 외치는 것을 보면 다음에 이어지는 세 개의 나팔은 정말로 더 무시무시한 것임이 틀림없다. 지나간 네 심판 또한 지구에 있어서는 재난이었으나 실제로 심판 가운데서도 가장 두려운 것은 이제부터 일어나는 것이다.

[계시록 9:1-6]
1 다섯째 천사가 나팔을 불매 내가 보니 하늘에서 땅에 떨어진 별 하나가 있는데 저가 무저갱의 열쇠를 받았더라.
2 저가 무저갱을 여니 그 구멍에서 큰 풀무의 연기 같은 연기가 올라오매 해와 공기가 그 구멍의 연기로 인하여 어두워지며
3 또 황충이 연기 가운데로부터 땅 위에 나오매 저희가 땅에 있는 전갈의 권세와 같은 권세를 받았더라.
4 저희에게 이르시되 "땅의 풀이나 푸른 것이나 각종 수목은 해하지 말고 오직 이마에 하나님의 인 맞지 아니한 사람들만 해하라!" 하시더라.
5 그러나 그들을 죽이지는 못하게 하시고 다섯 달 동안 괴롭게만 하게 하시는데 그 괴롭게 함은 전갈이 사람을 쏠 때에 괴롭게 함과 같더라.
6 그 날에는 사람들이 죽기를 구하여도 얻지 못하고 죽고 싶으나 죽음이 저희를 피하리로다.

다섯 번째 나팔이 울리면 또 다른 하나의 별이 하늘에서 떨어진다. 이 별에는 무저갱을 여는 열쇠가 주어졌다. 이와 같이 지구의 중심을 가로지르는 구멍이 있어, 만약 누군가가 거기에 떨어졌다고 가정한다면 그 사람은 거기에 떨어질 뿐만 아니라 지구의 중심에 영원히 갇혀 버리게 되는 것이다. 나는 지구에는 그러한 균열층이 있고, 그곳은 지옥과 통하고 있다고 생각한다.

또한 그곳에는 악령들이 유폐되어 있다. 누가복음 8장에는 예수님께서 한 남자로부터 귀신의 떼를 쫓아내는 사건이 있는데, 그때 귀신은 무저갱으로 보내지 말아 달라고 애원한다. 그곳은 귀신들이 가장 두려워하는 펄펄 끓는 커다란 가마솥이 있어, 그들도 마지막이 되면 그곳에 보내어진다는 것을 알고 있기 때문이다. 이곳의 열쇠를 맡은 자는 사탄으로, 그는 지금 마귀의 온 힘을 다하여 지상에 있는 모든 이들을 덮치려고 한다.

성경에서 사탄을 하늘로부터 떨어진 별이라고 언급한 것은 여기가 처음은 아니다. 이사야 14장 12절에는 이렇게 기록되어 있다.

[이사야 14:12]
"너 아침의 아들 계명성이여! 어찌 그리 하늘에서 떨어졌으며, 너 열국을 엎은 자여! 어찌 그리 땅에 찍혔는고"

이 앞부분을 읽어보면 루시퍼(사탄)가 하늘에서 추방된 것을 알 수 있다. 그는 교만하여져서 자신을 하나님과 동등한 자로 여기고 높아지려고 했다. 흥미롭게도 이 세상의 마지막 순간까지 하나님을 대적하는 루시퍼의 도전은 계속된다. 루시퍼는 하나님의 계획을 무너뜨리려고 최후의 힘을 총동원하여 죽음의 미치광이처럼 날뛰는 것이다.

사탄이 그 구멍을 열자 연기가 솟아올라, 이미 전 인류를 괴롭히고 있는 오염에 더하여, 하늘은 더더욱 어두워져 간다. 그들에게는 이마에 하나님의 인이 없는 자들을 죽이라는 명령이 내려져 있으므로 우리는 그들이 상당한 지적 수준을 가졌음을 알 수 있다.

그들의 정체를 정확히 알 수 없지만, 성경을 통하여 메뚜기(황충)가 돌연 변형된 것이라 말할 수 있다. 최근에는 과학자들에 의해서 유전자의 구조 변화까지 가능해졌고, 그들의 실험에는 놀라운 가능성이 포함되어 있어 이 돌연변이 현상 또한 충분한 가능성이 있다.

우리가 알고 있는 메뚜기는 사람을 찌르지 않는다고 해도 인간에게 충분한 손해를 끼칠 수는 있다. 미국에서도 메뚜기에 의해서 어느 지역의 농지가 전멸된 적이 있었다.

1870년대에는 네브라스카의 하늘이 길이 400km, 넓이 160km의 메뚜기 떼에 덮침을 당했었다. 믿을 수 없는 이야기 같지만 사실이다. 그러나 오늘날 중동 지역에서는 그보다 더 큰 떼에 의해서 습격받고 있다고 한다.

메뚜기는 처음에 얌전하고 단독으로 생활하지만, 환경이 건조하여 먹이가 부족하게 되면 돌연변이를 일으킨다. 몸은 길어지고, 이빨은 더욱더 날카로워지고, 식욕 또한 왕성하여지며 모든 것을 먹어 치워 버릴 수 있는 괴물이 되어서 다른 메뚜기와 함께 이동을 개시한다.

이 곤충이 한층 더 변화하면 전갈과 같은 침을 가질 수도 있게 된다. 나는 전갈에 물린 경험은 없지만, 그것에 쏘이면 왕벌에게 쏘인 것보다 훨씬 더 고통스러우며 그중에서도 중동 지역에 있는 전갈은 정말로 무섭다고 한다.

이렇게 변화된 돌연변이 메뚜기가 맹위를 떨치며 농작물이 아닌 하나님께 속하지 아니하는 자들을 습격한다고 사도 요한은 증거하고 있다. 따라서 이 지상은 5개월 동안 메뚜기에 의해서 엄청난 고통을 받게 되지만 사람은 죽지 않는다는 것이다. 더 기이한 현상은 사람이 견디기 어려운 고통 속에서 차라리 죽음을 갈망한다 해도 죽을 수 없다는 것이다. 이 상황을 상상해 보라 얼마나 두려운가?

어떤 의미로는 죽음이라는 것은 해결을 가져온다. 사람이 고통 가운데 처해 있을 때, 그 고통에서 해방되어 하나님의 곁으로 갈 수가 있다. 죽기를 바랄 정도의 견디기 어려운 고통 가운데 있을 때, 죽음에 의한 해방이 없다는 것은 정말로 비참한 일이 아닐 수 없다.

나는 지금 억지나 황당한 말로 여러분들을 놀라게 하는 것이 아니다. 죽음은 인생의 최대의 적이지만 죽음이 멈추어진 때는 인류의 역사 가운데 최악의 고통의 시대라고 할 수 있다. 이것은 마치 죄인들이 지옥에서 영원한 고통을 받는 것과도 마찬가지일 것이다.

흥미롭게도 5개월 후 이러한 공포가 사라지고 메뚜기 떼가 돌연히 사라진다. 첨단 과학에 의해 새로 개발된 살충 전자파에 의해 전멸되어 버릴지도 모르며, 또는 하나님의 계획에 의해 멸하게 되는지도 모르겠다. 이때 세상 사람들은 저주의 시대가 지나갔다고 안심할지 모르겠지만 하나님의 심판은 계속된다.

대살육

여섯 번째 나팔이 울리며 대살육은 계속 진행된다. 5개월간을 주고 다시 죽음이 되돌아온다. 2억이라는 군대에 의해서, 살아남은 인류의 삼분의 일이 죽음을 당하게 된다고 사도 요한은 다음과 같이 증거하였다.

[계시록 9:17-18]

17 이같이 이상한 가운데 그 말들과 그 탄 자들을 보니 불빛과 자줏빛과 유황빛 흉갑이 있고 또 말들의 머리는 사자 머리 같고 그 입에서는 불과 연기와 유황이 나오더라.

18 이 세 재앙 곧 저희 입에서 나오는 불과 연기와 유황을 인하여 사람 삼 분의 일이 죽임을 당하니라.

성경의 이 부분 때문에, 계시록은 믿을 수가 없다는 사람들도 있다. 그들은 이 땅에 2억의 군대를 편성할 수 있는 나라는 있을 수가 없다고 말하며, 또 한 가지 이유는 현대세계의 전쟁은 시스템에 의한 핵 버튼 하나로 싸우게 될 것이라고 말한다.

그러나 오늘날 중국이 2억의 군대를 보유하였다는 것은 이미 세상에 공표된 사실이다. 그러나 2억의 모든 군사가 중국에서만 오는 것이 아니라 몇 개 나라의 연합군이 형성되고, 그들에게 거역할 때는 즉시 진압 당하게 되는 것이다.

또 다른 관점에서 살펴본다면, 수년 전까지만 해도 소련이 전차를 아무리 많이 갖고 있다 할지라도 첨단 기술을 구사하는 전쟁에서는 문제도 아니라고 생각했었다. 그러나 그런 생각은 이미 과거가 되고 말았다. 그 이유는 적은 소형의 핵무기 개발로 전차나 이동 가능한 발사대에서도 공격이 가능해졌기 때문이다.

리비아의 카다피 같은 악랄한 자가 이 파괴적 무기를 손에 쥐게 된다면 그야말로 큰 두려운 일이다. 자기의 권력 유지를 위해 핵무기를 쓸 수밖에 없는 독재적 지배자가 존재하는 불안스러운 나라가 이 세계에 몇 나라인지 한번 생각해 보라. 그들에 의해서 더욱 가공할 만한 무기가 개발되고 있다.

아프가니스탄에서 소련이 화학 무기를 사용했을지도 모른다는 의문이 있는 가운데, 이란은 이라크가 사용하였다고 비난하고 있고 이라크는 이란 또한 신경가스를 사용했다고 한다. 이러한 핵병기와 화학병기가 더욱 확산되어 가면, 레이저나 음파를 이용한 병기를 비롯하여 각종 병기들은 더욱더 그 파괴력을 증가시켜 갈 것이다. 이러한 사실을 염두에 두면서, 1세기 말에 살았던 사도 요한의 입장을 당신과 바꿔 놓고 생각해 보라. 2천 년 후에나 개발될 기계나 병기를 사용하고 있는 모습이 환상을 통해 요한에게 보여진 것이다.

사도 요한 시대의 전쟁은 창이나 칼을 사용하여 행하여졌으므로 폭탄이나 화학병기는 생각도 할 수 없다. 병사가 로켓의 발사대를 옮긴다거나 육군의 전차에서 대포로 적을 공격하거나 공중으로 솟아오른 버섯구름 등과 같은 환상을 보았다면 틀림없이 기절할 만큼 충격을 받았을 것이다. 그러나 놀랍게도 여기에서 요한이 묘사하고 있는 것은 우리 시대에 충분히 겪을 수 있는 상황에 대한 것이다.

[계시록 9:18]
이 세 재앙, 곧 저희 입에서 나오는 불과 연기와 유황을 인하여 사람 삼 분의 일이 죽임을 당하니라.

요한은 입과 꼬리에 전력을 가진 말에 대하여 말하고 있지만, 이것은 앞뒤에 대포를 장착한 전차를 말한 것은 아닐까 싶다. 요한의 말한 것을 명확하게 알 수는 없지만 이러한 대전쟁이 임하게 되면 그들이 어떻게 싸웠다 할지라도 수백만이 죽게 될 것이다.

지구가 이런 공포로 휩싸여 있을 때, 대환난 시대 전에 휴거된 자들과 그 사이에 순교했던 자들은 기쁨과 평화로움 속에서 하나님의 영광스러운 보좌 앞에 있게 된다. 이처럼 전쟁의 때에도 주님은 하나님께 속한 자들과 그렇지 아니한 자들 사이에 구별을 두신다는 것을 기억하기 바란다.

세계적 파멸의 순간 속에서도 어떤 방법으로 구별하실는지 나로서는 알 수 없지만, 하나님께서는 가능하다. 그리고 드디어 일곱 번째 나팔을 울리려 한다. 여섯 번째와 일곱 번째 인봉 사이에 잠깐의 침묵의 시간이 있었던 것처럼, 여섯 번째와 일곱 번째 나팔의 사이에도 하나님의 임재로 두려움을 갖게 하는 침묵의 순간이 있게 된다. 마지막 나팔이 울리기 전에는 준비가 필요하다.

제5장

파괴되는 세상
계시록 10~11장

전쟁과 자연재해로 인하여 수백만의 생명이 죽음으로 달려가며 이 세상은 빈사 상태에 빠지게 된다. 기근이 덮치며 하늘에서 불덩이가 쏟아지고 흉악한 황충에 의해서 습격을 받는 등 하나님의 심판은 최고의 절정기를 맞으려고 한다.

10장에서 요한은 한 천사가 구름에 싸여 하늘로부터 내려오는 것을 본다. 그 머리 위에는 무지개가 둘러 있으며 얼굴은 해처럼 빛이 나고 그 발은 불기둥 같으며 손에는 작은 책을 들고 있다고 기록되어 있다.

오른발은 바다를 밟고 왼발은 땅을 밟고 큰소리로 외치고 있는 이 천사는 지금까지의 다른 천사들과는 전혀 다른 존재다. 그는 하늘을 향하여 오른손을 들고 "일곱 번째 천사가 나팔을 불게 되는 때는 더 이상 지체되는 일 없이 인류를 향한 하나님의 모든 계획이 성취되리라."라고 영원하신 하나님께 맹세한다.

나의 의견에 동의하지 않는 분도 계실는지 모르겠으나 나는 그가 바로 예수 그리스도라고 나는 믿는다. 그리고 손에 들고 있는 책은 이 지구의 소유권을 증명하는 것으로서, 이제 모든 인봉이 풀리면서 그 책이 펼쳐지고 지구는 올바른 소유권자, 즉 하나님께 되돌아

간다는 것을 의미한다.

이 천사가 예수 그리스도라고 믿는 이유는 몇 가지가 있다. 첫째로 그리스도만이 그 두루마리를 펼칠 수 있으며 그것은 그의 손에 놓여 있다는 점이다. 둘째로 구름을 타고 내려온다는 것은 그야말로 예수 그리스도가 지구 위에 재림하시는 것을 뜻한다. (누가복음 21:27)

마지막으로 사자처럼 승리를 외치는 모습이 있는데, 구약성경에는 사자처럼 부르짖는 주님의 모습이 여러 곳에서 묘사되고 있다. 예레미야 25장 30절에는 '여호와께서 높은 곳에서 부르시며'라고 되어 있고, 호세아 11장 10절에서는 '사자처럼 소리를 발하시는 여호와'로 묘사되었으며, 또한 요엘서 3장 16절에는 여호와의 목소리로 인하여 하늘과 땅이 진동하며 떠는 모습으로 묘사되어 있다.

'만약 이 천사가 예수 그리스도라면 왜 스스로 하나님이신 분이 하나님께 맹세하겠는가?'라고 의문을 가지실지 모르겠으나, 이 경우 하나님 이상의 권위를 지닌 존재가 없기 때문에 하나님께서 하나님 자신에게 맹세하시는 것이다.

미국의 법정에서는 성경에 손을 얹어 진실한 증언을 할 것을 맹세한다. 왜냐하면 미국 사회에서는 하나님과 하나님의 말씀보다 높은 권위는 없다는 것을 인정하기 때문이다. 히브리서에서는 하나님께서 아브라함과 약속을 맺을 때 하나님께서 하나님 자신의 이름으로 맹세하셨다고 기록되었다(히브리서 7:21).

그러므로 그리스도가 하나님의 이름으로 맹세하셨다 할지라도 나는 그 어떤 모순도 느낄 수 없다.

하나님의 완전한 때

그리스도가 승리를 외치게 되는 날 요한은 일곱 개의 번개와 같은 목소리를 듣는다. 그 소리가 무엇인가에 대해서는 많은 추측이 가능하지만 그러한 일의 모든 진실을 알 수는 없다. 하나님께서 뭔가를 감추시는 것이 아니라 하나님은 우리가 알아야 할 필요가 있을 때 모든 것을 가르쳐 주신다. 뇌성과도 같은 음성에 관해서는 우리가 아직 알 때가 아니라는 것이다.

요한복음 16장 12절에 기록된 최후의 만찬에서 예수께서 하신 말씀을 생각하자. 앞으로 일어나게 될 일들을 제자들에게 말씀하실 때에 사실은 더 많은 것을 알릴 것이 있지만 듣는 제자들이 감당치 못함으로 인하여 더 이상 말씀하지 아니하셨다.

이곳을 읽을 때마다 그리스도의 고뇌와 절박한 상황이 전해져 온다. 사랑하는 제자들에게 모든 것을 일러두고 싶었으나 그들은 도저히 하나님의 깊은 뜻을 이해할 수 없다는 것을 예수님께서 알고 계셨기 때문이다. 그러므로 일곱 뇌성을 듣는 경우와 마찬가지로 우리가 이해할 수 있을 만한 때가 오기까지 감추어진 것이다.

하나님의 정하신 때라는 것은 우리 인생의 모든 순간순간을 통하여 이루어진다. 하나님께서 뭔가를 해 주실 만한 때까지 더 이상 기다릴 수 없다고 생각한 일은 없는가? 휘영청 밝은 달빛을 바라보면서 휴거의 날을 하루라도 빨리 맞이하기를 소원했던 때는 없었는가? 또 어떤 사람이 인생의 방향을 전환하고자 할 때 그의 기도에 대한 응답이 즉시 없어서 안절부절못했던 때는 없었는가?

하나님께서는 우리의 모든 행할 길을 모두 알고 계시지만 그것을 우리에게 가르쳐 주지 않으실 때도 있다. 그러나 우리가 꼭 기억해야 하는 것은 주님의 때는 완벽하다는 것이다. 하나님께서는 모든 일을 하심에 있어 가장 좋은 최적의 합당한 때를 택하시는 것이다. 그러므로 휴거의 사건이 언제 일어날지 알 수는 없지만, 그 타이밍은 정확할 것이라고 믿는다.

대환난 시대의 시작 또한 마찬가지다. 사람들은 원하는 대로 되지 않을 때 그 상황을 이해하려고 하지 않는다. 그러나 인간의 감정이나 세상 사람들이 뭐라고 하든지 간에 하나님의 때는 절대적이며 결코 너무 빠르지도 너무 느리지도 않다.

그러므로 응답이 없을 때 하나님보다 먼저 뛰어나가서 아직 하나님께서 허락지 아니하시는 일을 한다든지 또 그의 말씀대로 순종치 않아서 고통받는 일이 없도록 하기 위해서는 하나님의 때를 기다리며 그와 동행하는 것이 당신에게 있어서 최상의 길이다.

왜 어떤 전도는 성공했으며, 어떤 전도는 실패로 끝나버리는가, 당신은 생각해 본 적이 있는가? 양쪽 모두 유능한 스텝들을 갖추고 있음에도 불구하고 어느 한쪽은 단 수개월 사이에 실패로 끝나 버리지만 다른 한쪽은 수년째 잘 진행되고 있다.

전도에 성공했던 모든 경우를 살펴보면 하나님의 정하신 때를 깨닫기 위해 충분한 기도의 시간을 보냈고, 실패하였던 경우를 보면 문제가 제기된 후에야 하나님의 축복이 내려지기만을 간구하고 있던 것이 아닌가 생각이 든다.

자신들의 노력이 무너질 때 "하나님, 도대체 어디가 잘못되었습니까? 하나님을 위해서 이렇게 하고 있는데도 어째서 축복해 주시지 않는 것입니까?"라고 기도하면 "나는 그 전도를 시작하라고 한 일이 없단다. 그런데도 너는 내 말도 듣지 않고 시작해 버렸잖았냐? 다시 말하지만, 나의 때는 너의 때와는 다르단다."라고 말씀하지 않으시겠는가?

오늘날 '이 세상은 영원토록 존속할 것이다.'라고 믿는 사람들이 많다. 사람들은 '이 세계가 끝난다는 것은 믿을 수도 없어. 수십억 년 후라면 몰라도 내가 살아 있는 동안에 있을 수는 없어. 몇백 년 동안 해가 떠오르고 해가 저물고 있는데 왜 하필 이때 갑자기 끝난다는 것은 도저히 인정할 수 없다.'라고 생각하는 것이다.

그러나 이러한 사람들이 알지 못하고 있는 것은 하나님께서는 그 어떤 이유에서라도 자신의 계획을 수행하시는 것을 늦추시는 일이 없으셨다는 성경적 사실이다. 그와 같이 이 지구가 하나님의 계획대로 진행돼 왔기 때문에라도 하나님의 마지막 계획 또한 그 계획대로 진행되고 성취되는 것이다.

하나님께서는 모든 것에서 전지하시기 때문에 천국을 소유할 수 있는 영혼들의 숫자까지도, 아직 태어나지도 않은 하나님의 자녀들까지도, 그들의 이름까지도 알고 계신다. 하나님의 계획에서 벗어나서 그 어떤 것도 우연히 일어나지 않는다. 또한 모든 준비가 갖추어질 때까지 우리가 하나님의 계획을 앞당기거나 늦출 수는 없다.

지금 예수 그리스도께서 지구의 권리증서를 손에 들고 서 계신다. 그리고 하나님의 지구에 대한 계획이 성취되리라고 선언한다. 참으로 이상한 일이 벌어진다.

[계시록 10:8-11]
8 하늘에서 나서 내게 들리던 음성이 또 내게 말하여 가로되 "네가 가서 바다와 땅을 밟고 서 있는 천사의 손에 펴 놓인 책을 가지라." 하기로
9 내가 천사에게 나아가 작은 책을 달라 한즉 천사가 가로되 "갖다 먹어 버리라. 네 배에는 쓰나 네 입에는 꿀같이 달리라." 하거늘
10 내가 천사의 손에서 작은 책을 갖다 먹어 버리니 내 입에는 꿀같이 다나 먹은 후에 내 배에서는 쓰게 되더라.

11 저가 내게 말하기를 "네가 많은 백성과 나라와 방언과 임금에게 다시 예언하여라 하리라." 하더라.

이 말씀을 읽은 후에 당혹해하시는 분도 있을 것이다. "도대체 왜 이 책을 먹어야만 하는가?" 그러나 여기서 요한이 먹었던 것은 하나님의 말씀을 기록한 책으로, 여기서 '먹는다'는 것은 그 말씀을 열심히 듣는 것을 뜻한다. 천사는 요한에게 주어지는 말씀들을 주의 깊게 들어서 이 땅에 대한 하나님의 계획을 증언하라는 것이다. "이제부터 보게 될 일들은 대단히 중요한 일들이기 때문에 잘 들어 두어라."라는 말과 같다.

'입안에서 달다'라는 것은 하나님의 나라가 이루어진 후의 밝은 이 세상의 미래를 뜻한다. 그때에는 구약시대의 선지자들이 말했던 것처럼 어린 양들과 사자가 서로 뒹굴며 기쁨과 평화와 조화가 지상에 실현된다.

그와 반대로 이미 기록한 대로 무시무시한 여러 심판, 그러나 앞으로 일어나게 될 일련의 사건들을 듣는 것은 요한에게 있어서 쓰디쓴 약을 먹는 것과 같았을 것이다. 그러나 지금 사도 요한은 하나님의 말씀을 마음에 새기고 이제부터 많은 나라와 왕들에게 전개되는 일들을 다시 한번 더 예언할 때가 온 것이다.

예루살렘 성전의 재건

그러나 사도 요한은 그 예언을 시작하기 전에 측량하는 자를 받아서 '하나님의 성전과 제단과 그 안에서 경배하는 자들을 측량하되'(계시록 11:1)라는 지시를 받는다. 여기에서 성전이라는 것은 솔트레이크시의 몰몬교 사원도 아니며 방콕의 불교 사원도 아니다. 이것은 하나님께서 택하신 하나님의 도성인 예루살렘 성전이다.

만약 지금 사도 요한이 성전을 측량하려고 전에 자신이 보았던 예루살렘에 간다고 할지라도 당혹할 것이다. 예수께서 예언하셨던 것처럼 예루살렘 성전은 몇 세기 전에 파괴되었기 때문이다(마태복음 24:2). 또한, 이슬람교도들이 하나님의 성전이라고 말하는 황금 돔은 아직 남아 있지만, 그것은 하나님께서 말씀하신 성전은 아니다.

그러나 '일어나 가서 하나님의 성전을 측량하다'라는 말씀은 확실한 것이므로 언젠가 그 성전은 예루살렘에 반드시 재건될 것이다. 만약 지금 신문이나 잡지를 통해서 성전재건 기사를 접하게 되면 등골이 오싹해질 것이다. 그 이유는 성전 재건은 휴거 이후, 대환난의 때가 되어야 이루어질 것이기 때문이다.

성경에서 밝히고 있는 종말시대의 여러 징조 가운데 하나는 세계 중에 흩어져 있는 유대인들이 이스라엘로 되돌아오는 것이다. 그것은 이미 20세기에 실현되었다. 100년 전만 해도 유대인 국가가 탄생하리라는 가능성은 거의 불가능했다. 그러므로 세계 각지에 흩어져 있던 유대인들이 자신들만의 독립 국가를 결성했다는 것은 기적이라고도 할 수 있다.

하나님께서는 몇천 년 전에 하신 약속을 성취하시기 위하여 유대인들을 팔레스틴 땅으로 돌려보내기 시작하셨다. 또한 1948년 5월, 이스라엘이 국가로서 독립된 사실은 그 예언의 성취를 의미한다. 누가복음 21장 24절의 '예루살렘은 이방인의 때가 차기까지 이방인들에게 밟히리라'라는 예수님의 말씀은 매우 중요한 것이며 '이방인의 때'라는 것은 그 시대 또한 마지막이 가까워 왔음을 의미한다.

현재 규모로서는 적기는 하지만 열심 있는 유대인 지역에 적어도 두 개의 조직이 재건운동을 전개하고 있다. 무력으로 회교도를 축출하고 회교돔(dome)을 파괴하여 새로운 성전을 세우려는 과격파도 있다. 얼마 전 바위의 돔을 폭파하려 했던 계획이 발각되어 체포된 사건도 있었다.

그들은 휴거가 있기까지는 성전재건은 절대로 성취되지 않는다는 것을 이해하지 못했던 것이다. 그러나 그리스도인이 이 땅에서 그 모습을 감추게 되면 그들은 얼마 되지 않아 그 계획을 수행할 것이다. 또 한편 회교도와 유대인들의 종교전쟁을 막기 위해서 성전의 산을 둘로 나누려는 온건파도 있다. 그들은 돔의 북쪽에 벽을 세워 거기에 성전을 재건하려고 한다.

앗샤 카울프만이라는 학자는 성전의 산에 관한 연구로 널리 알려진 고고학자로서, 그의 조사에 의하면 솔로몬에 의해서 만들어진 성전은 오늘날 회교돔의 북쪽에 위치하고 있다고 한다.

그의 조사 결과는 성경 고고학자들 사이에서 지금도 논의되고 있지만, 성전이 다시 재건되면 유대인들은 그의 조상들이 솔로몬 왕의 성전에서 행하였던 것처럼 하나님을 예배할 것이다. 아마도 적그리스도의 공헌으로 새로 지어질 예루살렘 성전은 회교돔과 거의 붙어 있는 상태로 세워질 것이라고 생각한다.

계시록 11장 2절에서 요한이 성전과 성전 밖의 뜰을 측량할 때 명령을 받았던 것을 읽어보면 그것을 확실하게 알 수 있다.
'성전 밖 마당은 측량하지 말고 그냥 두라'

이것은 카울프만 박사의 연구에서와같이 돔이 솔로몬 왕의 성전 바깥뜰에 세워진 것을 의미한다고 생각된다. 에스겔서에도 예루살렘의 성전재건을 예언하고 있다. 요한과 마찬가지로 에스겔에게도 거기를 측량하라는 명령이 주어진다.

에스겔도 성전 주위의 담을 측량하게 되는데 그 담은 거룩한 것과 속된 것을 구별하려는 목적을 갖고 있는 표시라고 한다(에스겔 42:20). 거룩한 것이란 성전을 말하는 것이며 속된 것이란 '회교돔' 을 말하는 것이라고 생각한다.

성전이 언제 재건되느냐 하는 것에 대해 다른 의견들이 많이 있으나, 그 시기는 대환난 시대, 그것도 적그리스도가 권력을 쥔 후부 터라고 생각된다. 왜냐하면 적그리스도는 평화와 사랑의 왕으로 서 관용을 가지고 모든 종교를 수용하며 지지하기까지도 할 것이 기 때문이다.

적그리스도는 처음에 자신의 본 모습을 감추기 위해서 자신의 권력 으로 할 수 있는 것은 뭐든지 할 것이다. 다니엘 9장의 예언에 의하 면 적그리스도는 이스라엘과 계약을 맺고 예루살렘의 성전재건을 허락한다. 이때 그는 이슬람교도들에게 유대인 성전재건을 동의시 킴으로써 그의 정치적 수완 또한 높이 평가받게 될 것이다.

7년 지배의 후반에 접어들어 적그리스도는 유대인과의 협정을 파 기한 후 자신 스스로가 성전에 서서 전능의 하나님 대신 자신을 예 배하도록 선언할 것이다(데살로니가후서 2:4). 그로부터 42개월간 예루살렘은 또다시 이방인들에 의해서 짓밟히게 될 것이다.

엘리야의 등장

[계시록 11:3-5]
3 내가 나의 두 증인에게 권세를 주리니 저희가 굵은 베옷을 입고 일 천이백육십 일을 예언하리라.
4 이는 이 땅의 주 앞에 섰는 두 감람나무와 두 촛대니
5 만일 누구든지 저희를 해하고자 한즉 저희 입에서 불이 나서 그 원 수를 소멸할지니 누구든지 해하려 하면 반드시 이와 같이 죽임을

당하리라.

대환난 시대가 시작하자마자 하나님은 그의 택한 백성인 유대인을 위해 두 명의 증인을 보내신다. 전지하신 하나님 앞의 두 감람나무 곧 두 촛대라는 것은 무엇을 의미하는 것일까?

이해하기 어려운 것처럼 생각할 수 있지만, 이는 사실 요한이 구약 시대의 스가랴에게서 예언된 사실을 인용하고 있는 것이다.

[스가랴 4:11-14]
11 내가 그에게 물어 가로되 "등대 좌우의 두 감람나무는 무슨 뜻이 니이까?"하고
12 다시 그에게 물어 가로되 "금 기름을 흘려 내는 두 금관 옆에 있는 이 감람나무 두 가지는 무슨 뜻이니이까?"
13 그가 내게 대답하여 가로되 "네가 이것이 무엇인지 알지 못하느 냐?" 대답하되 "내 주여, 알지 못하나이다."
14 가로되 "이는 기름 발리운 자 둘이니 온 세상의 주 앞에 모셔 섰는 자니라."하더라.

스가랴가 수백 년 전에 보았던 환상에 대해서 사도 요한은 실제적 설명을 덧붙이고 있다. 두 사람의 증인이 나타남으로써 구약성경의 맨 마지막 두 절이 성취되어진다.

[말라기 4:5-6]
5 "보라. 여호와의 크고 두려운 날이 이르기 전에 내가 선지 엘리야 를 너희에게 보내리니,
6 그가 아비의 마음을 자녀에게로 돌이키게 하고 자녀들의 마음을 그 들의 아비에게로 돌이키게 하리라. 돌이키지 아니하면 두렵건대 내 가 와서 저주로 그 땅을 칠까 하노라."하시니라.

여기서 두 증인 중의 한 사람은 엘리야일 것이다. 엘리야의 출현을 유대인들은 기다리고 있었다. 세례 요한이 광야에서 복음 전파를 시작하였을 때 많은 사람들은 요한을 엘리야로 생각했다(요1:21). 또한 예수께서 제자들에게 사람들이 자신을 누구라고 말하고 있는가에 대해서 물었을 때 엘리야라고 생각하는 자들이 있다고 대답하였다(마태복음 16:13-14)

두 증인 중 한 사람이 엘리야일 것이라는 또 다른 이유는, 그들에게 해를 입히려는 자가 있다면 불이 하늘로부터 나서 대적들을 불태워 버리리라는 것으로 요한이 증언하고 있기 때문이다. 이 일은 엘리야 시대에 아하시야 왕이 엘리야의 예언을 거절하고 엘리야에게 군대를 보내었을 때 두 번씩이나 하늘에서 불이 내려와 살라 버린 사실을 상기시키고 있다(열왕기하 1:1-15).

그 때 세 번째 보냄을 받은 오십부장은 엘리야에게 꿇어 엎드려 그와 함께 왕에게 나아가 주기를 간청하였다. 이 오십부장은 다른 사람들과 달리 엘리야를 하나님의 예언자로 인정하고 있었으며 그가 하나님의 말씀을 귀히 여기고 있음을 알았으므로 엘리야는 그의 원대로 해 주었다.

요한이 "만일 누구든지 저희를 해하고자 한즉 저희 입에서 불이 나서 그 원수를 소멸할지니 누구든지 해하려 하면 반드시 이와 같이 죽임을 당하리라"(계11:5)고 말하였던 것을 보면 엘리야는 이 마지막 시대에 이전과 다름없는 모습으로 나타나게 될 것이다. 그렇다면 다른 한 증인은 누구겠느냐에 대해서 생각하게 될 텐데, 나로서는 구약성경에 등장하는 위대한 선지자가 아니겠나 생각한다.

모세라고 생각하는 사람도 있는데 이는 모세와 엘리야는 함께 나타나서 예수님과 더불어 이야기하였으므로(마가복음 9:4) 그럴 수도 있겠다. 또한 엘리야는 죽음을 맛보지 않은 채 불의 전차를 타고 지상으로부터 들림을 받았다. 모세의 죽음 또한 수수께끼로 싸여 있다.

신명기에는 다음과 같이 기록되었다;

[신명기 34:5-6]
5 이에 여호와의 종 모세가 여호와의 말씀대로 모압 땅에서 죽어
6 벳브올 맞은편 모압 땅에 있는 골짜기에 장사되었고 오늘까지 그 묘를 아는 자 없느니라.

이 내용과 관련하여 유다서 9절에 보면 '천사장 미가엘이 모세의 시체에 대하여 마귀와 다투어 변론할 때에'라고 기록되었는데 왜 그랬을까? 마귀가 마지막 때에 모세가 이 지상에 되돌아올 것을 알고 있어 그것을 저지하려 했던 것은 아닐까? 그러면 여기서 모세의 죽음은 무엇을 상징하는 것일까?

구약성경에서 모세가 율법을, 엘리야가 예언자를 대표한다고 생각할 때 이 두 사람이 그 증인들이라고 생각할 수도 있겠다. 그러나 인간의 역사 가운데 죽음을 경험치 않았던 두 사람은 엘리야보다 훨씬 전에 에녹이 있었다. 그는 300년 동안 하나님과 동행하다가 하늘로 올라갔다.

"에녹이 하나님과 동행하더니 하나님이 그를 데려가시므로 세상에 있지 아니하였더라"(창5:24)

이 땅의 모든 위대했던 왕, 여왕, 철학자, 과학자들은 모두 죽음을 맞이했다. 그러나 왜 이 두 사람만이 죽지 않은 것일까? 이 두 사람의 사명이 아직 끝나지 않았기 때문이 아니었을까?

성경은 '한번 죽는 것은 사람에게 정하신 것이요 그 후에는 심판이

있으리니'(히브리서 9:27)고 기록하였다. 그러므로 인간으로 오신 예수님도 육신의 죽음을 맛보셨다. 이와 같이 이 지구상의 모든 사람은 한 번은 죽게 되어 있다. 그러므로 계시록에 나타난 두 증인은 마지막 때에 죽임을 당하기로 계획되어 있으므로 하나님에 의해서 죽음을 맛보지 아니하였던 것이 아닐까 싶다.

두 증인은 엄청난 능력을 갖고 있어서 이 지상에 극심한 전염병을 가져올 수도 있으며, 24개월 동안이나 비가 내리지 않도록 할 수도 있다. 엘리야 선지자도 아합 왕의 시대에는 3년 동안이나 이스라엘에 비가 내리지 않았게 기도하였다(열왕기상 17:1–18:1). 바로 이러한 일이 다시 되풀이된다.

두 증인이 많은 사람으로부터 미움을 받았다. 사실은 하나님의 뜻을 따라 선한 일을 하였다. 그럼에도 그 당시 사람들은 연속해서 엄습해 오는 재앙들이 자신들의 불신앙 때문이라 생각지 않고 이러한 재앙을 퍼부은 두 증인을 저주하고 죽이려 하였다. 그러나 이 땅의 사람들은 두 증인이 하나님으로부터 부여받은 사명을 다하는 순간까지는 그 어떠한 방법으로도 그들을 해할 수 없다.

여러분은 위기일발의 순간에서 죽음이나 사고에서 벗어난 후 나중에야 하나님께서 지켜 주신 사실을 깨닫고 하나님께 감사드렸던 경험을 한 일이 있는가? 다음은 어느 한 전도자에게서 전해 들었던 이야기이다.

그가 아주 지쳐 있는 상태에서 집을 향하는 도중에 졸음이 쏟아지므로 참지 못해 고속도로 변에 차를 세우고 앉은 채로 15분가량 수면을 취한 다음 다시 고속도로에 진입하려는 순간, 어찌 된 일인지 액셀을 밟으려는 찰나에 무엇인가에 의해 2–3초간 제지를 당했고 그 순간 그의 바로 옆을 대형 트레일러가 쏜살같이 돌진하여 왔다.

그는 너무 피곤한 상태였기 때문에 뒤에서 달려오는 대형 트럭이 눈에 들어오지 않았으나 사람으로서 어쩔 수 없는 상황의 힘이 나타나 사고를 면할 수 있었는데, 그는 이것은 하나님의 은혜라고밖에는 도저히 생각할 수 없었다고 고백하였다. 하나님께서 손을 내밀어 주지 않으셨다면 그는 이미 죽었을 것이다. 그러나 하나님께서는 그의 인생이 끝나도록 하지 않으셨다.

이렇게 하나님께서는 우리가 이 세상에 보냄을 받은 사명을 마치기까지는 반드시 지켜 주신다. 그러므로 예수 그리스도의 사람들은 어느 한 목적을 위해서 살리심을 받고 우리가 그것을 완수할 수 있도록 하나님께서 기회를 부여하신다는 것을 믿어야 한다.

두 예언자의 죽음

이 두 증인은 예루살렘에서 1,260일간 증거 하라는 하나님의 사명을 다하기까지는 생명을 보호받지만, 그 후에는 죽게 된다.

[계시록 11:7-10]
7 저희가 그 증거를 마칠 때에 무저갱으로부터 올라오는 짐승이 저희로 더불어 전쟁을 일으켜 저희를 이기고 저희를 죽일 터인즉
8 저희 시체가 큰 성 길에 있으리니, 그 성은 영적으로 하면 소돔이라고도 하고 애굽이라고도 하니 곧 저희 주께서 십자가에 못 박히신 곳이니라.
9 백성들과 족속과 방언과 나라 중에서 사람들이 그 시체를 사흘 반 동안을 목도하며 무덤에 장사하지 못하게 하리로다.
10 이 두 선지자가 땅에 거하는 자들을 괴롭게 한 고로 땅에 거하는 자들이 저희의 죽음을 즐거워하고 기뻐하여 서로 예물을 보내리라 하더라

사도 요한은 두 증인의 죽음을 보며 세상의 모든 사람들이 즐거워하며 서로 선물을 주고받는다고 기록하였다. 세상의 통치자가 그들을 죽여 버렸다는 사실에 이제는 원래대로 평안한 삶을 살게 될 것이라는 생각으로 안도의 한숨을 내쉬는 것이다.

더 흥미로운 것은 이 땅에 사는 모든 민족, 족속, 방언, 나라에 속한 사람들이 두 증인의 시체를 지켜보았다는 것이다. 그들의 죽음은 3일 이상 예루살렘 거리에 내팽개쳐 있었다. 이러한 사실은 과거에는 불가능했지만, 지금은 위성방송과 유튜브 방송을 통하여 지구의 반대쪽에 있는 모든 나라의 사건들이 생방송으로 중계가 가능하다.

오늘날에도 월드컵 경기와 같은 중계를 하기 위하여 세계 각국의 TV 방송국들이 서로 경쟁하는 모습이 눈에 선하지 않은가? 그들은 매장되지도 못한 채 3일간이나 예루살렘 거리에 버려져 있다는 사실을 생각하면, 두 증인이 이 세상 사람들로부터 얼마나 미움을 받았는지 알 수 있다.

이 내용을 생각하면 제2차 세계대전 후 밀라노에 버려졌던 무솔리니의 시체 사진이 떠오른다. 그러나 무솔리니는 이탈리아를 파멸시키는 전쟁으로 몰고 갔기 때문에 받았던 국민들의 분노에 반해 이 두 증인은 전 세계 사람들에게 천국복음을 위한 회개를 외친 것이다.

전 세계 사람들이 TV 앞에 앉아서 이제 세기의 위기는 떠나고 다시 한번 그들의 군사력에 의해서 세계의 안전이 보장되었다는 적그리스도의 선언을 듣게 될 것이다. 그러나 나흘째에 되던 날 이 두 증인의 되살아남을 목격할 때 사람들은 경악하게 될 것이다.

[계시록 11:11]
"삼일 반 후에 하나님께로부터 생기가 저희 속에 들어가매 저희가 발

로 일어서니 구경하는 자들이 크게 두려워하더라"

길거리에 내버려진 시체가 갑자기 벌떡 일어선 것이다. 생방송 카메라 앞에 선 TV 기자들의 숨도 쉬지 못할 정도로 흥분된 실황 중계에 전 세계는 발칵 뒤집힐 것이다. 모든 사람 눈앞에 3일간이나 시체로 누워있던 두 선지자가 깨끗한 몸으로 두 발로 서 있는 것이다.

더 놀라운 것은 예루살렘 거리를 걸어 다니는 두 사람의 모습이 생중계 영상으로 전 세계에 송출되고 하나님께서 그들에게 말씀하신 후 그들이 하늘에 올라가는 모든 상황을 세계 모든 사람들이 지켜보게 된다. TV 방송국에는 이제 막 벌어진 일이 특수 촬영에 의한 것인가 아니면 진짜로 벌어진 사실인가를 확인하려는 사람들의 전화로 쇄도하게 될 것이다.

그때 적그리스도 정부는 이 두 사람은 단순한 사건을 조작한 테러리스트들이라는 거짓말로 사람들을 설득시킬 것이다. 그러나 두 증인이 하늘에 오를 때 그들은 다른 계략을 꾸밀 틈조차 없이 동일한 시간에 예루살렘에 큰 지진이 일어난다.

이 지진으로 성의 십분의 일이 파괴되고 칠천 명의 사람이 죽게 된다(계시록 11:13). 공포에 질린 생존자들은 이제 눈앞에서 실제로 나타난 사건이야말로 하나님께서 이 세상을 지배하신다는 증거라며 드디어 하나님을 인정하고 하나님께 영광을 돌리기 시작한다.

울려 퍼지는 일곱 번째 나팔 소리

지구의 권리증서인 일곱 개의 인봉이 풀리게 될 때마다 지상에서는 여러 가지 심판이 내려졌다. 그리고 일곱째 인봉이 풀리면서 일곱째 천사가 나타나서 나팔을 불게 되는 순간마다 더욱 많은 심판이 내려졌다. 우리는 앞에서 일곱째 천사가 나팔을 불기 직전 두 증인이 출현하는 상황까지 살펴보았다.

하나님의 두 사람이 죽임을 당하나 다시 살아나자 예루살렘 성은 엄청난 지진으로 파괴된다. 여기서 일곱째 나팔이 울려 퍼지며 하늘이 커다란 음성으로 다음과 같이 선언하게 된다.

[계시록 11:15]
일곱째 천사가 나팔을 불매 하늘에 큰 음성들이 나서 가로되 세상 나라가 우리 주와 그 그리스도의 나라가 되어 그가 세세토록 왕 노릇 하시리로다 하니

이때가 되면 지상에 어떤 놀라운 일이 일어난다고 할지라도 어느 누구도 하나님의 진노로 일어나는 일들이라고 생각하지 않는다. 두 증인이 하늘로 오르고 동시에 나타난 예루살렘의 큰 지진으로 인하여 사회적 기반 전체가 흔들거렸음에도 불구하고 적그리스도는 아직도 통치 권세를 장악하고 있다.

물론 지상에는 아직도 지상에 기독교인들이 남아 있기는 하지만 적그리스도를 지지하는 자의 숫자가 압도적으로 많다. (오늘날 동성애를 반대하는 기독인들보다 지지하는 세력이 더 많은 것을 보더라도 가히 짐작할 수 있다)

지상에는 이미 앞에서 살펴본 바와 같이 자연재해로 인하여 질서들이 파괴된다. 이미 온 세상에 하나님의 나라가 임했다고 선포되었다고는 하나 한편에서는 아직도 사탄의 강력한 지배 안에 있다고 할 수밖에 없는 상황이다. 그러나 인봉된 것이 모두 풀림으로 말미암아 이 세상의 주권이 영원한 하나님 앞으로 돌려진 것이다. 비록 아직은 눈으로 볼 수 있는 상태는 아닐지라도 완전한 승리가 성

취된 것이다.

사도 요한은 하나님 보좌 앞에 있는 장로들 또한 확실한 승리를 확증하여 엎드리어 하나님을 경배하고 있음을 기록하였다. 하나님께 충성했던 자에게 보답하시며 반역했던 자들에게는 멸망으로 심판하시는 하나님께 그들은 감사를 드리고 있는 것이다.

그리고 승리의 축하 행사는 계속된다. 하늘의 하나님의 성전이 열리며 언약궤가 나타난다. 그리고 뇌성, 번개, 지진 등이 일어나며 커다란 우박이 떨어진다. 드디어 하나님께서 권능의 손을 움직이시는 때가 오는 것이다.

제6장

여자와 용과 바다의 짐승
계시록 12~13장

계시록을 읽다 보면 용이라든가 바다로부터의 짐승, 면류관에 별을 단 여자 등 기묘한 존재들이 등장하는데, 도대체 그들의 정체가 무엇이며 우리와는 어떠한 관계가 있는 것일까? 12장에 그 해답이 있다.

[계시록 12:1-6]
1 하늘에 큰 이적이 보이니 해를 입은 한 여자가 있는데, 그 발아래는 달이 있고 그 머리에는 열두 별의 면류관을 썼더라
2 이 여자가 아이를 배어 해산하게 되매 아파서 애써 부르짖더라
3 하늘에 또 다른 이적이 보이니 보라 한 큰 붉은 용이 있어 머리가 일곱이요 뿔이 열이라 그 여러 머리에 일곱 면류관이 있는데
4 그 꼬리가 하늘 별 삼분의 일을 끌어다가 땅에 던지더라. 용이 해산하려는 여자 앞에서 그가 해산하면 그 아이를 삼키고자 하더니
5 여자가 아들을 낳으니 이는 장차 철장으로 만국을 다스릴 남자라. 그 아이를 하나님 앞과 그 보좌 앞으로 올려가더라
6 그 여자가 광야로 도망하매 거기서 일천이백육십 일 동안 저를 양육하기 위하여 하나님의 예비하신 곳이 있더라

과연 이 여자는 누구인가 하는 것은 창세기 37장 9절부터 11절에 나타나 있는 요셉의 꿈 이야기를 읽어보면 알 수 있다. 요셉의 꿈속

에서 열 한 별과 해와 달이 그에게 절을 한다.

어떤 사람들은 나의 해석에 이의를 펼지 모르지만, 교회 전통적인 해석법에 의해, 열한 별은 요셉의 형제들이고 태양은 아버지인 야곱, 달은 어머니 라헬을 뜻한다. 요셉이 이 꿈을 형제들에게 고하자 형들은 심히 불쾌하게 생각했지만, 어쨌든 간에 수년 후 요셉은 애굽의 국무총리가 되었고 그 꿈은 그대로 현실이 되었다.

야곱은 이스라엘 민족의 조상인 아브라함의 손자로서, 하나님에 의하여 야곱이라는 태생적 이름을 이스라엘로 바꾸고 그의 자손은 이스라엘 열두 지파의 조상이 되었다. 다시 말해서 여기에 기록된 별은 이스라엘 민족을 가리키며 해산의 고통을 겪고 있는 이 여자는 이스라엘 국가를 비유한다.

그렇다면 과연 이 여자의 아들은 누구이며 왜 용이 아들을 죽이려 한 것일까? 구약성경을 통해서 유대인들이 하나님의 선택받은 백성이라고 하지만, 하나님께서 그들을 택하셨던 유일한 이유는 메시아이신 예수 그리스도를 이 세상에 태어나게 한 백성이기 때문이다. 하나님께서는 아브라함에게 '땅의 모든 족속이 너를 인하여 복을 얻을 것이니라'(창세기 12:3)라는 약속과 함께 아브라함의 계보를 통해서 구세주를 보내셨다.

메시아는 아브라함과 다윗이라는 이스라엘 민족의 위대한 두 지도자의 직계 자손에게서 탄생 될 것이라고 약속하셨고, 그래서 하나님은 유대인에게는 의로운 삶의 법 곧 율법을 주셨고, 언약을 통해서 축복하셨다. 그러나 수천 년 동안에 걸쳐 유대인들이 기다렸던 메시아가 태어나시자 많은 사람이 그리스도를 잊어버렸다.

따라서 이 내용은 여자는 이스라엘 국가가 메시아를 낳으려는 것을 나타내고, 용은 메시아가 사명을 완수하는 것을 방해하기 위해서 온갖 수단을 다 쓰고 있는 사탄을 비유한다.

사탄은 인류 역사 속에서 하나님의 구속의 계획을 깨뜨리기 위해 기회를 탐하였다. 예수께서 태어날 당시 동방박사들이 헤롯왕에게 왔을 때도 동일했다. 헤롯왕은 그들이 찾고 있는 태어날 유대 임금을 알지 못했으므로 동방박사들이 그 아이를 발견하면 자신에게 알려 달라고 명령했다.

물론 헤롯왕은 유대인의 왕으로 탄생한 아이를 발견하면 즉시 죽여 버리려는 생각이었다. 하나의 국가에 두 임금은 필요치 않았기 때문이었다. 그러나 다행스럽게도 동방의 박사들이 하나님으로부터 "헤롯에게 돌아가지 말라."는 지시를 받음으로써 예수님은 죽음을 면할 수가 있었다(마태복음 2:20).

그 후 박사들에게 속은 것을 안 헤롯왕은 베들레헴과 그 모든 지경 안에 있는 두 살 이하의 사내아이를 남김없이 죽였다. 그러나 헤롯의 계획, 다시 말해서 사탄의 계획은 실패로 끝났다. 왜냐하면 천사가 요셉의 꿈에 나타나 마리아와 예수를 데리고 애굽으로 내려가 피하라고 알려 주었기 때문이었다. 사탄은 메시아가 이 세상에 태어나자마자 용과 같이 덮치려 했지만, 사탄의 횡포와 지혜는 하나님을 대항할 만한 것은 못 된다.

또한 사탄은 광야에서도 예수 그리스도를 넘어뜨리려 했지만, 그것도 실패로 끝났다. 사탄은 마침내 분노를 터뜨리며 예수 그리스도를 부당한 심판에 넘겨 십자가에 못 박았으나 사흘 후에 죽음에서 되살아나심으로 말미암아 완전한 패배로 끝나고 말았다. 부활하신 후 그리스도는 승천하셨고, 지금은 전능하신 하나님 우편에 앉아 모든 피조물이 하나님께 복종하게 되는 날을 기다리고 있다. 그때 그리스도는 영광의 능력을 갖추고 이 지상에 재림하게 되는 것이다.

사탄의 반역

용의 꼬리에 의해서 하늘에서 떨어진 별이라는 것은 사탄이 하늘에서 떨어진 존재라는 것을 비유하고 있다. 하나님께 반역하기 전에 사탄은 천사장의 하나였다는 것을 성경학자들과 우리는 믿고 있다 (에스겔 28:12-19).

성경을 토대로 가브리엘, 미가엘, 그리고 루시퍼라는 천사장은 각각 천사의 3분의 1씩을 거느리고 있었다. 따라서 사탄, 곧 루시퍼가 하나님께 반역하였을 때 대부분의 천사가 그를 따랐을 것이라고 믿어진다. 사도 요한 또한 이를 기록하고 있다. 언제, 왜 그 반역이 일어났는가 하는 것은 우리로서는 알 수 없으나, 사탄이 자신을 하나님과 동등하게 하려 했었다는 것은 성경에 나타나 있다(이사야 14:11-15).

이것은 하늘에서 있었던 일들로서 틀림없이 인류 창조 이전의 일이었으며, 루시퍼는 하나님께서 인간을 만들려고 하셨던 계획에 반항하고 반역했다고 유추할 수 있다. (아담이 창조된 이래 사탄은 전력을 다해 하나님의 인간 창조는 커다란 실수였다는 것을 증명하려 했다는 점에서 이렇게도 생각 할 수 있다.)

예를 들면 욥기 1장에서는 사탄이 여호와께 나아와서 욥이 하나님께 축복을 받았기 때문에 하나님께 충실한 것이라고 주장한다(욥기 1:10-11). 사탄은 하나님 앞에서 "그의 축복을 전부 빼앗아 버린다면 욥은 하나님을 배반할 것입니다."라고까지 말하고 있다. 그러나 욥은 모든 가족과 모든 재산을 잃어버리고 감당할 수 없는 중한 병으로 고통받는 속에서도 결코 하나님과 함께하며 여지없이 사탄을 절망케 하였다.

그러나 욥만이 사탄에게 시험을 받았던 것은 아니다. 사탄은 우리도 비난하고 공격을 가해 온다. 우리로 하나님께 실망하도록 해서 사탄이 자기 목적을 이루려고 하는 것이다. 그러므로 사탄은 우리의 약점을 들이대면서 공격한다.

이와 같이 사도 요한이 본 두 개의 환상은 예수 그리스도의 탄생과 사탄의 반역이라는 과거의 사건들과 관계하고 있으며, 이후에 일어나는 미래의 사건들까지도 내포하고 있다.

먼저 첫 번째, 아이를 해산한 여인은 광야로 도망한다. 마태복음에서 그리스도는 다음과 같이 제자들에게 경고한다.

[마태복음 24:15-21]
15 그러므로 너희가 선지자 다니엘의 말한바 멸망의 가증한 것이 거룩한 곳에 선 것을 보거든(읽는 자는 깨달을진저)
16 그 때에 유대에 있는 자들은 산으로 도망할지어다.
17 지붕 위에 있는 자는 집 안에 있는 물건을 가지러 내려가지 말며,
18 밭에 있는 자는 겉옷을 가지러 뒤로 돌이키지 말지어다.
19 그 날에는 아이 밴 자들과 젖먹이는 자들에게 화가 있으리로다.
20 너희의 도망하는 일이 겨울에나 안식일에 되지 않도록 가도하라.
21 이는 그 때에 큰 환난이 있겠음이라. 창세로부터 지금까지 이런 환난이 없었고 후에도 없으리라.

'멸망의 가증한 것'이라는 것은 적그리스도가 예루살렘에 있는 성전의 성소에 들어가 거기에서 살게 되는 때의 일을 나타낸다. 적그리스도가 거기서 처음으로 자신은 정치적 리더 이상의 존재이며, 또한 하나님의 다른 모습의 존재이기 때문에 자신을 경배해야만 한다고 선언하게 된다(데살로니가후서 2:4; 다니엘 9:27).

여기서 우리를 더욱 놀라게 하는 것은 이런 적그리스도의 터무니없는 선언을 세상 대다수의 사람들이 받아들인다는 사실이다. 사람

들은 그가 아무도 할 수 없는 초자연적인 방법으로 세계통일을 완수하였다고 믿기 때문이다. 그러므로 우리는 이 땅에서 나타난 초자연적인 능력은 모두가 하나님에 의한 것이 아님을 알아야만 한다.

물론 적그리스도를 따르는 무리 가운데는 적그리스도가 자신을 하나님이라고 하는 선언을 믿지 않는 자도 있을 것이다. 그들은 어느 신의 존재도 믿지 않는 무신론자들로서 "적그리스도가 자신을 하나님이라고 하고 싶다면 좋을 대로 하지! 평화스러운 세계가 되기만 하면 되잖아?"라고 말할 것이다. 그러나 적그리스도의 초자연적인 행동으로 이스라엘에서 지금까지 없었던 영적 부흥이 일어난다. 그러나 한편으로는 반대파를 거세하는 피의 숙청을 감행될 것이다.

이때 이스라엘 사람들과 또 다른 나라의 사람들은 자신의 영혼을 의탁할 종교적인 측면에서 하나님과 적그리스도 중에 선택해야 하는 영적 환경에 처하게 될 것이다. 그때에는 '중간 입장'이라는 것은 있을 수 없다. 그를 하나님의 존재로서 섬기지 않는 자는 무참한 박해를 받게 되기 때문이다.

결국 그 박해를 피해서 많은 유대인은 예루살렘 밖의 광야나 사해 남동쪽에 위치한 요단강 바위 페트라 계곡의 하알바라는 곳으로 도망하게 된다. 그리고 하나님께서는 광야에서 그들의 조상들을 40년간이나 인도하셨던 것과 같은 초자연적인 방법으로 페트라의 비옥한 요새로 도피한 이스라엘 사람들을 3년 동안 양육하실 것이다.

사도 요한이 기록한 다음 장면은 미가엘과 그의 지배 아래 있는 천사들이 용과 그의 부하들을 상대로 싸우는 모습을 환상을 통하여 분명하게 밝히고 있다. 결국 그 싸움은 미가엘 편의 승리로 끝나고 용의 무리는 지상으로 떨어진다. 여기에서 사도 요한은 하늘로서 큰 음성을 듣는다.

[계시록 12:10]
내가 또 들으니 하늘에 큰 음성이 있어 가로되 "이제 우리 하나님의 구원과 능력과 나라와 또 그의 그리스도의 권세가 이루었으니 우리 형제들을 참소하던 자 곧 우리 하나님 앞에서 밤낮 참소하던 자가 쫓겨났고"

이것은 하나님께서 사탄을 향해 "나의 백성들을 참소하는 너의 말은 더 이상 들을 수 없다. 이제는 더 이상 참을 수가 없어!"라고 말씀하신 것이다. 지금까지의 사탄은 천국을 자유스럽게 왕래하며 죄인들을 집요하게 공격하는 검사와 같은 역할을 해왔다.

사탄은 우리 인간의 결점을 보면 "너희들은 믿음도 없고 가치도 없는 존재다!"라며 하나님께 참소했다. 특히 그리스도를 구세주로서 영접한 이들에게는 심한 분노와 함께 대항했다. 왜냐하면 하나님 스스로가 크리스천들은 하나님의 의의 옷을 입었다고 증거해 주시면서 사탄의 고소를 받아들이지 않으셨기 때문이다.

실제에 있어서 우리들이 거룩한 의에 도달하기까지는 아직도 거리가 먼 존재라는 것을 사탄은 무엇보다 잘 알고 있다. 그러나 하나님께서 보고 계시는 것은 그리스도의 의의 옷으로 입혀 있는 우리들의 모습이다.

이윽고 미가엘이 이끄는 천사들이 사탄을 물리친다. 그뿐만 아니라 극심한 박해에도 불구하고 하나님께 충성했던 자들 또한 사탄에게 승리하는 데에 커다란 공헌을 했다고 사도 요한은 다음과 같이 증거하고 있다.

[계시록 12:11]
또 여러 형제가 어린 양의 피와 자기의 증거하는 말을 인하여 저를 이기었으니 그들은 죽기까지 자기 생명을 아끼지 아니하였도다

분노에 가득 찬 사탄

사탄이 천국에서 쫓김을 받은 사실은 하나님의 백성에게 있어서는 기쁜 소식이지만 지구 전체에 있어서는 그렇지 않다.

[계시록 12:12]
그러므로 하늘과 그 가운데 거하는 자들은 즐거워하라. 그러나 땅과 바다는 화 있을진저 이는 마귀가 자기의 때가 얼마 못 된 줄을 알므로 크게 분 내어 너희에게 내려갔음이라

사탄은 지상에 내려오자마자 남자를 낳은 여자, 즉 이스라엘을 괴롭힌다. 그러나 여자는 광야로 피하여 거기서 '한 때와 두 때와 반 때' 동안을(계시록 12:6) 양육 받는다.

일반적으로 한 때라는 것을 일 년이라고 생각할 때, 적그리스도와 대환난 시대의 마지막 3년 반 동안 유대인의 신자 모두는 하나님에 의해서 보호하심을 받게 된다. 계속해서 요한은 다음과 같이 설명하고 있다.

[계시록 12:15-17]
15 여자의 뒤에서 뱀이 그 입으로 물을 강같이 토하여 여자를 물에 떠내려가게 하려 하되
16 땅이 여자를 도와 그 입을 벌려 용의 입에서 토한 강물을 삼키니
17 용이 여자에게 분노하여 돌아가서 그 여자의 남은 자손 곧 하나님의 계명을 지키며 예수의 증거를 가진 자들로 더불어 싸우려고 바다 모래 위에 섰더라.

지상의 마지막 순간에 사탄은 온갖 힘을 다해서 유대인을 파멸시키며 하나님의 백성들을 패배시키려고 하지만 그런 모든 노력은 헛수고로 끝나게 된다. 과거 역사를 살펴보면 히틀러에 의한 유대인 말

살 계획으로 인하여 600만 명의 유대인들이 살해당했다. 그가 단순한 미치광이였기 때문에 우연히 유대인이 그의 표적이 되었을까?

만약 히틀러가 우리가 생각하는 것처럼 단순한 미치광이에 불과했다면 어떻게 해서 그토록 엄청난 군사력을 장악할 수가 있었을까? 그리고 또한 독일 국민 모두의 마음을 휘어잡아 문화적으로도 진보했던 나라를 증오가 가득한 황충과 같은 나라로 변화시킬 수 있었을까?

히틀러는 악의 세력에 완전히 사로잡혀 사탄의 지혜와 증오를 지니고 있었다. 그래서 다른 민족이 굶주리고 있는 상황 가운데서도 초자연적으로 풍성한 생활을 하는 유대인들을 남의 피를 빨아먹고 사는 거머리와도 같은 존재라고 정의했다.

히틀러와 유대인의 전쟁은 하나님의 택한 백성을 이 지상에서 말살하려 했던 시험적 사건이었다. 이 역사적 사실을 생각건대 유대인이 생존하고 있다는 사실 자체가 경이로움이 아닐 수 없다.

그러나 더욱 우리를 놀라게 한 것은, 히틀러가 600만 명의 유대인들을 죽이고 있을 때 세계의 다른 모든 나라는 팔짱을 낀 채 바라만 보고 있었다는 사실이다. 그들은 한참 후에 자국의 권리에까지 위협을 느끼자 그때에서야 비로소 히틀러에 대해 합동으로 대항하기 시작했다.

이 얼마나 가공할 만한 비극적 사건인가? 사탄은 고대 유대의 역사 가운데서도 수백만의 사람들을 살육했으며, 우리가 사는 현대 역사 가운데에서도 독일을 통해서 수백만의 유대인들을 학살했다. 이처럼 목적을 위해서라면 무엇이든지 할 수 있는 것이 사탄의 모습이다.

유대인 대학살이라는 사건을 계기로 하여 무신론자들이 된 유대인들이 있었다. 그들은 만약 하나님께서 의로운 분이시라면 "어찌 이러한 대학살을 용납하실 수 있었을까?"라고 말할 것이다. 그것은 분명하게 엄청난 비극이었음이 틀림없으나 하나님께서 유대인들을 통하여 큰 능력을 행하실 것임을 이 사건을 통하여 말씀하고 계신 것이라 생각된다.

만약 하나님께서 이 백성과 아무런 특별한 관계도 없으시고 명확한 계획 또한 없으셨다면 수천 년의 역사 속에서 사탄이 이스라엘 백성을 말살하려 하지는 않았을 것이다. 더욱이 하나님께서 그들과 함께하지 않으셨다면 유대인은 지금 하나의 민족으로서 남아 있지도 않았을 것이다.

용이 여자를 해하려는 환상은 불행스럽게도 유대인에 대한 박해가 적그리스도에 의해서 다시 일어난다는 것을 나타낸다. 그러나 하나님께서는 예수를 그리스도로 영접한 하나님의 백성들을 성경에 기록했던 것과 같이 놀라우신 방법으로 크신 능력의 팔을 들어 구원하실 것이다.

바다로부터 나온 짐승

여자와 용의 환상 후에 요한은 해변에서 서서 바다로부터 한 마리의 짐승이 올라오는 환상을 목격한다. 성경에 등장하는 바다라는 것은 때때로 국가를 나타내는 상징으로도 사용되고 있다.

[계시록 13:1-4]
1 내가 보니 바다에서 한 짐승이 나오는데 뿔이 열이요 머리가 일곱이라. 그 뿔에는 열 면류관이 있고 그 머리들에는 참람된 이름들이 있더라.

2 내가 본 짐승은 표범과 비슷하고 그 발은 곰의 발 같고 그 입은 사자의 입 같은데 용이 자기의 능력과 보좌와 큰 권세를 그에게 주었더라.

3 그의 머리 하나가 상하여 죽게 된 것 같더니 그 죽게 되었던 상처가 나으매 온 땅이 이상히 여겨 짐승을 따르고

4 용이 짐승에게 권세를 주므로 용에게 경배하며 짐승에게 경배하여 가로되 "누가 이 짐승과 같으뇨? 누가 능히 이로 더불어 싸우리요 하더라.

열 뿔과 일곱 머리를 지닌 짐승의 묘사는 계시록 12장에서의 붉은 용의 묘사와 호환된다. '나를 본 자는 아버지를 보았거늘'(요한복음 14:9)이라는 그리스도의 말씀은 하나님께서 인간의 육체를 입으시고 예수 그리스도가 되신 것이라는 말씀인데, 적그리스도 또한 사탄의 화신이다. 다니엘이 보았던 그 무서운 짐승과도 비교해 보라(다니엘 7:7-8).

사도 요한은 그 짐승이 하나님의 백성과의 싸움에서 승리하고 모든 족속과 백성과 방언과 나라를 지배할 수 있는 권세를 받았다고 말하고 있다. 죽임을 당한 어린 양의 생명책에 창세 이후로부터 기록되지 못한 채 이 땅에 사는 자 모두는 짐승에게 경배하게 된다.

바다에서 나온 짐승이라는 것은 적그리스도를 상징하는 것인데, 그 짐승은 오늘날 유럽연합에서 출현하여 세상에 대두하면서부터 권력을 장악하게 될 것이다. 이러한 관점에서 볼 때 현재 여러 국가의 유럽 국가들이 유럽연합으로 통합한 사실은 매우 흥미로운 일이다. 이처럼 현재 우리는 분명히 계시록의 예언의 말씀 속으로 한 걸음 한 걸음씩 걸어가고 있다.

에스겔서 38장과 39장에 보면 러시아 군대가 적그리스도의 출현 전에 이스라엘을 침략한다고 기록되어 있다. 처음에는 러시아 군

대에 의해서 이스라엘은 파멸의 지경에 이르게 되지만, 하나님께서 개입하심으로써 러시아 군대의 6분의 5가 파멸하게 된다.

결국, 러시아는 강대국의 자리에서 물러나게 되며 국제무대에서도 영향력을 잃어버리게 된다. 우리는 그러한 일들이 어떻게 이루어질 것인지 상상조차도 할 수 없지만, 하나님께서는 이 일에 대하여 에스겔을 통해서 말씀하셨다.

[에스겔 38:21-23]
21 나 주 여호와가 말하노라. 내가 내 모든 산중에서 그를 칠 칼을 부르리니 각 사람의 칼이 그 형제를 칠 것이며,
22 내가 또 온역과 피로 그를 국문하며 쏟아지는 폭우와 큰 우박덩이와 불과 유황으로 그와 그 모든 떼와 그 함께한 많은 백성에게 비를 내리듯 하리라.
23 이같이 내가 여러 나라의 눈에 내 존대함과 내 거룩함을 나타내어 나를 알게 하리니 그들이 나를 여호와인 줄 알리라.

역사 속에서 소련의 붕괴는 적그리스도를 리더로 삼을 유럽연합의 탄생을 부추기게 되었다. 다니엘 2장에서는 느부갓네살 왕이 본 적그리스도 왕국의 성립이 기록되어 있다. 느부갓네살 왕은 그의 꿈에서 정금으로 된 머리, 은으로 된 가슴과 팔, 그리고 철과 진흙으로 되어 있는 발을 가진 우상을 보게 된다.

다니엘은 느부갓네살 왕의 꿈에 대하여, 그 우상은 미래에 대두하게 될 왕국을 나타내며, 발가락은 최후의 순간에 나타나게 될 연합국이며 그리고 그 열 개의 연합국은 강력한 힘을 가지게 되지만 역사 가운데 소멸될 것이라고 해석한다.

[다니엘 2:34-35]
34 또 왕이 보신즉 사람의 손으로 하지 아니하고 뜨인 돌이 신상의 철

과 진흙의 발을 쳐서 부숴뜨리매,

35 때에 철과 진흙과 놋과 은과 금이 다 부숴져 여름 타작마당의 겨 같이 되어 바람에 불려 간 곳이 없었고, 우상을 친 돌은 태산을 이루어 온 세계에 가득하였었나이다.

다니엘 2장 44절은 이 열광의 시대에, 하나님께서 영원히 멸망치 아니하는 나라를 세우실 것을 선언한다. 여기에 '나라가 임하옵시며 뜻이 하늘에서 이룬 것같이 땅에서도 이루어지이다'라는 우리들의 기도의 응답이 있는 것이다(마태복음 6:10).

이날에 관한 일을 이사야는 다음과 같이 말하고 있다.

[이사야 9:6-7]

6 이는 한 아이가 우리에게 났고 한 아들을 우리에게 주신 바 되었는데 그 어깨에는 정사를 메었고 그 이름은 기묘자라, 모사라, 전능하신 하나님이라, 영존하시는 아버지라, 평강의 왕이라 할 것임이라.

7 그 정사와 평강의 더함이 무궁하며 또 다윗의 위에 앉아서 그 나라를 굳게 세우고 지금 이후 영원토록 공평과 정의로 그것을 보존하실 것이라. 만군의 여호와의 열심이 이를 이루시리라.

다니엘은 여기에서 '이 꿈이 참되고 이 해석이 확실하다'(다니엘 2:45)라고 주석을 덧붙였다. 느부갓네살 왕의 꿈은 적그리스도 아래에서 10개국이 연합을 이루게 될 것이며 그리스도의 재림에 의해서 이 지상 세계에 하나님의 나라가 건설된다고 예언한 것이다. 이 연합국에 대해서는 나중에 다시 언급하겠다.

계시록 13장 3절에 의하면 적그리스도는 머리에 치명상을 입고, 오른쪽 눈을 잃고, 그리고 팔 또한 불구가 되어 버린다. 스가랴 11장 17절에도 '화 있을진저 양 떼를 버린 못된 목자여 칼이 그 팔에, 우편 눈에 임하리니 그 팔이 아주 마르고 그 우편 눈이 아주 어두우리라' 기록되어 있다. 그러나 치명적인 상처를 입고도 멸망하지 않는 적그리스도의 엄청난 능력 같은 것을 본 세상 사람은 그 경이함에 놀라워하며 그에게 더욱 높은 지위를 용인한다.

또 다른 짐승의 등장

계속해서 사도 요한은 또 다른 환상을 본다. 이는 바다가 아닌 땅으로부터 올라오는, 두 뿔이 있고 용과 같이 말하는 새끼 양 같은 모습이다. 이 짐승은 처음 나온 짐승을 경배하도록 많은 이들에게 강요한다.

이 새끼 양 모습의 짐승은 마치 하나님의 증인이 행하였던 것처럼 하늘로부터 불이 내려오도록 하는 이적까지 행할 수 있었으므로 많은 사람들이 뭔가 굉장한 능력이 있다는 착각 속에 미혹되어 그 짐승에게 충성을 맹세하게 된다.(그러므로 우리는 세상에 나타나는 초자연적인 현상은 하나님에게서만이 아닌 사탄에 의해서도 일어난다는 사실을 깊이 인식해 두어야 한다.)

그 후 둘째 짐승인 새끼 양은 처음에 바다에서 올라온 짐승이 치명상을 입었음에도 죽지 않았기에 그 짐승을 경배하는 우상을 만들라는 명령과 함께 그 우상에게 생명과 능력을 받은 우상이 되어 말하기 시작하자 그에게 숭배를 강요하고 그 숭배를 거부하는 자는 모두 죽이게 된다.

[계시록 13:16-18]
16 저가 모든 자, 곧 작은 자나 큰 자나 부자나 빈궁한 자나 자유 한 자나 종들로 그 오른손에나 이마에 표를 받게 하고
17 누구든지 이 표를 가진 자 외에는 매매를 못하게 하니 이 표는 곧 짐승의 이름이나 그 이름의 수라

18 지혜가 여기 있으니 총명 있는 자는 그 짐승의 수를 세어보라 그 수
　는 사람의 수니 육백육십육이니라

이 내용을 설명하기 위해서는 바다로부터 올라온 짐승의 이야기로
되돌아가야 한다. 즉, 여기서 기억해야 할 것은 적그리스도는 각 나
라의 연합국으로부터 출현한다는 뜻이다. 따라서 머리가 일곱이라
는 것은 그 짐승이 앉아 있는 일곱 산을 뜻하며 열 뿔은 열 명의 왕,
다시 말하면 각 나라를 말한 것으로, 그 나라들은 모두 짐승에게 충
성을 맹세하게 된다.

그리스도께서 오셔서 이미 이루신 모든 일을 적그리스도는 되돌리
려고 그리스도께서 이미 세우신 모든 것들을 파괴하려 한다. 또한,
그리스도에 속한 모든 것들을 파괴하려고 한다. 그러므로 어느 누
구, 어떤 나라도 적그리스도에게 대항할 수 없게 된다. 13장 8절은
매우 흥미롭다.

[계시록 13:8]
　죽임을 당한 어린 양의 생명책에 창세 이후로 녹명되지 못하고 이 땅
　에 사는 자들은 다 짐승에게 경배하리라

하나님은 이 지구의 청사진을 그리셨을 때, 이미 하나님의 독생자
가 우리들의 대속물로 죽어야만 한다는 것을 알고 계셨다. 그러나
하나님께서는 인간을 타락케 하셨다거나 그렇게 되기를 바라셨다
는 말은 결코 아니다. 하나님은 인류의 그 모든 것과 전개될 모든
일을 알고 계셨으므로 모든 인간이 하나님과 바른 관계를 맺게 하
기 위한 방법까지도 예비하셨다.

하나님께서는 장차 될 모든 것을 알고 계시며 또한 이 세상의 역사
또한 그의 뜻 안에서 전개되어 가고 있는 것이다. 그러나 사람들은
모든 것은 우연히 일어난 일이라고 말하여 하나님을 놀라시게 한

다. 그러나 그것은 잘못된 생각이다. 이 우주 속에 일어나는 일 중에서 하나님을 놀라게 하는 일은 결코 있을 수도 없으며 또한 하나님에게 있어 우연히 일어난 일이란 하나도 없다.

그러므로 하나님의 속성을 모르는 많은 사람들은 지구에 일어나는 자연계의 재해나 적그리스도의 악마적 횡포를 당할 때마다 하나님께서 지구를 버리셨다고 생각하지만, 하나님 안에서의 모든 일은 그의 뜻대로 목적을 성취해 나가시는 것이다.

우리 개인의 삶을 돌아보더라도, 믿는 자라 할지라도 '나는 하나님께 버림받고 도저히 헤어날 수 없는 수렁 속에 처박혀진 것은 아닐까?'라고 생각할 때가 있다. 그러나 지금의 상황이 어찌 되었든 간에 하나님께서는 당신의 인생 전부의 계획을 주관하고 계시며, 모든 것을 그의 뜻대로 인도하시며, 당신에게 있어서 최상의 길을 준비하고 계신다. 따라서 하나님은 어떠한 상황에서든지 당신을 구원하실 수 있으며 그 과정을 통해서 당신을 연단 하시며 보다 나은 삶으로 인도해 가신다.

짐짓 우리는 용의 소리를 내며 두 뿔을 가진 새끼 양의 모습을 지니고 땅에서 올라온 둘째 짐승으로부터 사탄의 미혹을 느낄 수 있다. 우리 죄의 대속을 위하여 죽임을 당한 어린 양은 예수 그리스도이신데, 이 짐승이 땅으로부터 나타날 때는 어린 양처럼 보이기 때문이다.

사도 요한은 그 둘째 짐승은 기사와 표적으로써 이 땅의 거민들을 미혹하는 능력을 가지고 있다고 증거하였다. 여기서 말하는 둘째 짐승은 적그리스도의 충실한 부하로서, 마치 하나님께 두 증인이 있는 것처럼 사탄에게도 두 부하가 있다. 그는 세상에서 인기 있고 힘 있는 종교 지도자로서, 아마도 기가 막힌 웅변가일 것이다. 흡사 히틀러와 같이 많은 사람에게 그 어떤 잔혹한 사상까지도 믿게 할 만한 강한 설득력을 가지고 있을 것이다.

대부분의 사람들은 사탄이라고 하면 무시무시하고도 괴상하게 생겼으리라고 생각한다. 그러나 사탄은 '잘생긴 악마'라고 할 만큼 '광명한 천사'의 모습을 하고 있다(고린도후서 11:14). 사실 에스겔서 28장 12절에도 사탄의 모습을 '지혜가 충족하며 온전히 아름다웠도다'라고 묘사하고 있다.

나는 얼마 전에 수천 달러의 돈을 사기당한 한 할머니의 기사를 보았다. 그 할머니는 은행원을 가장했던 사기꾼에 대해 "너무나도 정직하게 보이는 남자였어요."라고 말했다. 이러한 모습이 바로 사탄인 것이다. 정직히 보이는 얼굴이었지만 그 마음은 거짓으로 가득 찬 것이다. 이처럼 오늘날 수많은 사람들이 정치가, 목사들에게 속고 있는 것이다.

[데살로니가후서 2:9-12]
9 악한 자의 임함은 사단의 역사를 따라 모든 능력과 표적과 거짓 기적과
10 불의의 모든 속임으로 멸망하는 자들에게 임하리니, 이는 저희가 진리의 사랑을 받지 아니하여 구원함을 얻지 못함이니라.
11 이러므로 하나님이 유혹을 저의 가운데 역사하게 하사 거짓 것을 믿게 하심은
12 진리를 믿지 않고 불의를 좋아하는 모든 자로 심판을 받게 하려 하심이니라.

성경은 많은 사람들이 사탄, 곧 적그리스도의 거짓을 믿게 된다고 말한다. 예수 그리스도의 진리의 말씀을 거절했던 이들은 인생의 의미를 찾는 데 갈급하여 놀랄 만한 일들을 하게 된다. 오늘날도 수많은 사람들이 스스로 성자라고 칭하며, 성자처럼 희고 붉은 옷을 걸치고, 눈과 귀를 현혹하는 설교에 미혹되어 그와 그의 집단에 전

재산을 바치며 머리를 조아리고 있다. 또 어떤 사람들은 '신비의 마법'에 미혹된 사람들도 있다.

이러한 것들은 사탄의 미혹일 뿐이다. 이 모두 잔혹하여 어리석은 것들이지만 유감스럽게도 수백만의 영혼이 차츰 이러한 영적 전쟁의 올무에 걸려 적그리스도에게 빠진다. 이는 기록된 바와 같이 진리를 거부한 자는 반드시 허위를 믿게 된다.

구도자의 인생

수년 전에 캘리포니아 오렌지 타운이라는 곳에 있는 어떤 지식층 인사들의 그룹모임에 초대를 받은 일이 있다. 대학교수와 박사들이 모여서 인생의 의미에 대해서 이야기를 나누며, 새로운 철학에 대하여도 서로가 의견을 교환하는 그런 모임이었다. 그들은 아마도 논의할 내용이 바닥나게 되자 목사라도 불러 보자는 생각이 들었나 보다.

아마 엄청난 사람들이 갈보리채플에서 예배를 드리기 위해서 모이고 있다는 소문을 들은 것 같았다. 그 그룹 중의 몇 사람은 내가 조금이라도 진리에 관해서 이야기해 주리라는 기대를 하고 있었는지 모르겠으나, 오히려 그들 대부분은 천지를 창조하신 살아계신 하나님을 믿는 사람들을 조롱하기 위하여 참석한 것이 사실이다.

나는 그들의 초대에 대해서 분노와 의심을 품기는 하였으나, 이러한 상황에서라도 하나님을 증거 할 수 있는 기회를 잃어버려서는 안 된다는 생각에서 충분한 기도와 함께 그 모임에 참석하였다.

처음부터 리더 중 한 사람이 나와서 자신의 업적에 대하여 말하기 시작했다. 철학을 공부한 후 어느 도사라는 사람에게 사사를 받아 많은 연구를 했다고 했다. 그 도사는 불교의 승려이지만 기독교의 진리 또한 거절하지 않는 포용력 있는 사람이라고 강조하였다.

그는 이 그룹의 멤버들은 모두 오직 진리의 발견을 추구하는 구도자들이라고 말했다. 그들은 진리의 깨달음을 얻기 위해 LSD의 실험도 감행했다고 증언했다. 나는 그들은 예수 그리스도의 말씀을 통하여 진리를 탐구한 적은 없다는 증언에 놀라웠고 한편으로는 슬펐다. 그들 말을 들으며 나는 진리를 거부하는 것이 인간의 본성이라는 사실을 것을 깨달았다. 나는 그들에게 다음과 같이 증언했다.

"그야말로 여러분은 많은 연구를 거듭하고 계신 것 같은데도 불구하고 아직도 스스로를 구도자라고 부른다면, 그것은 아직도 찾고 있는 것을 발견하지 못했다는 것이 아닙니까? 그렇다면 여러분은 아주 중요한 무엇인가를 망각하고 있는 것이 아닌가요?"

이어서 나는 하나님께서 천지를 창조하셨다는 기초적인 사실부터 증거하기 시작했다. 그러나 그들은 곧바로 나를 가로막고 "지금 당신이 이야기하는 하나님은 신인동형론적(神人同形論的)인 신이 아닌가요?" 질문해 왔다. 그러자 그들은 서로 다투어 난해한 철학과 신비주의적 이론을 쏟아내며 나의 말을 가로막았다. 그 와중에서 나는 조용히 머리를 숙이고 하나님께 기도했다.

"주님, 여기에서 모든 순서를 끝내고 다시는 이런 곳에는 오지 않겠습니다. 이런 곳에 나와서 쓸데없는 시간을 허비하고 있으니 주께서 도와주세요. 앞뒤가 꽉 막힌 이들에게 제가 무엇을 말할 것이 있겠습니까?" 조용한 나의 기도가 끝났을 무렵 그들은 서로의 논의가 지겨웠는지 한 여성이 나서서 그들을 제지했다.

"조용히 좀 해 주세요. 매주 이런 쓸데없는 논쟁뿐이라면 지겹습니다. 오늘만큼은 척 목사님을 초청하였으니까 그의 말을 들어야 하는 게 아닐까요?"

나는 이 여성의 용기 있는 발언에 감사했다. 그때서야 그들은 논쟁을 멈추고 나에게 사과하며 내가 설교를 이어가도록 하였다. 나는 그들을 둘러보면서 "예수 그리스도 안에 있는 나의 영혼에는 평안이 있으며 나의 생활은 기쁨과 평안으로 가득 차 있습니다." 증언하였다. 그러자 나는 갑자기 달라진 그들의 태도에 깜짝 놀랐다.

그들 중 누구도 자신들이 소유한 어떠한 지식으로도 영혼의 평안함을 경험치 못했던 것이다. 사실 그들이 추구하였던 바로 그것은 영적 평안이었다. 성령은 내게 그것을 알게 하셨고 나는 용기를 내어서 예수 그리스도를 통하여 체험할 수 있는 영적 평안과 기쁨에 대해서 한 시간가량 설교했다.

나는 그들과의 모임에 있어서 지적 수준으로서 대화를 갖지 않았다. 그랬다면 나는 그들과 저녁 내내 철학 논쟁으로 입씨름만 하였을 것이다. 그러나 그리스도를 통한 평안과 기쁨에 대하여는 논쟁의 여지가 없었다. 그날 밤 극적인 변화 같은 것은 없었지만 수 주일이 지나는 동안에 그들 가운데 몇 사람이 그리스도를 영접하고 진리의 눈을 뜬 사실을 알게 되었다.

나는 지식인이라 칭하며 많은 지식을 소유한 이들이 그토록 오랫동안 길을 헤매고 있었다는 사실에 깜짝 놀랐다. 그러나 이러한 일은 예수 그리스도를 통하여 얻어지는 진리를 거부하므로 세상의 비진리가 이들을 주장한 것이다. 이러한 일들은 적그리스도의 출현과 함께 더욱 뚜렷하게 나타나는 일들이기도 하다.

생명을 받은 우상

첫 번째 짐승의 우상이 생기를 받아 말할 수 있게 된다는 부분의 해석은 몇 해 전까지만 해도 난해한 부분 중의 하나였다. 그러나 유전공학과 인공지능 등의 과학기술의 발달에 의해서 사도 요한이 보았던 환상들은 이미 실현되고 있다. 이것을 어떤 과학자들은 컴퓨터 혁명에 이어지는 다음 단계의 혁명이라고도 주장한다.

오늘날 우리는 갈수록 발달하고 있는 컴퓨터의 지능을 보고 컴퓨터 그 자체가 생물이지 않겠는가 생각하게 된다. 아직은 완전한 단계까지는 미치지 않았지만 그렇게 될 날도 멀지는 않았다.

혹시 당신은 컴퓨터 인간 곧 'AI 인간' 이라는 것을 상상해 본 적이 있는가? 그들은 아무것도 먹지 않아도 아무런 불평도 없이 쉬지 않고 일을 계속할 수 있다. 그들에게는 생식 능력이 없어서 낡아버린다 해도 걱정할 필요가 없다. 더 발달한 새로운 것을 사면 된다.

과학자들은 갈수록 사람들이 예측할 수 없는 굉장한 세계가 도래한다고 말한다. 그러나 그들은 공상과학 영상에서나 볼 수 있는 인공지능 세계가 올 것이지만 그것을 지배하는 것은 인간이므로 컴퓨터 과학이 세상을 지배하지는 못한다고 말한다. 과학의 진보에 의한 여러 가지 위협이 있음에도 불구하고 과학자들은 왜 그렇게 확신하는지 의문을 제기하는 분도 있다.

예를 들어 원자력 개발은 우리들의 생활 향상을 위한 많은 부산물을 가져다주었으나 동시에 가공할 만한 파괴력을 가진 무기로써 사탄이 사용할 수 있게 되었기 때문이다.
레이저 기술의 개발로 의료나 인공위성, 항공, 차량 등 각종 기계 기술에 경이적인 진보를 이루었다. 그러나 레이저 또한 무기개발에서 사용되었으며 '죽음의 광선'이라고 불리고 있다. 이처럼 과학의 발달은 무시무시한 악마적인 요소를 갖게 되었다. 특히 계시록 13장의 말씀을 볼 때 유전자 공학이 미치는 영향이 어디까지일까 두려워진다.

나는 적그리스도의 우상이라는 것은 컴퓨터의 능력이 내장된 악마적인 요소를 가진 지배자라고 생각한다. 최첨단 컴퓨터가 지닌 정보력과 사탄만이 소유할 수 있는 엄청난 힘의 결합체가 될 것이기 때문이다.

그 '미운 물건'이 재건된 예루살렘 성전의 지성소에 놓여 많은 사람들이 그것을 경배하게 될 것이다. 이때 많은 사람에게 경배할 것인가 아니면 순교할 것인가라는 양자택일의 원칙이 적용된다. 이것이 바로 다니엘서 12장 11절의 '멸망케 할 미운 물건'이라는 것으로서, 그 후에 하나님의 진노와 심판이 내리게 된다. 또한, 적그리스도는 그를 따르는 자의 오른손이나 이마에 표를 찍는다. 그 표가 없는 자는 어떤 상거래도 할 수가 없다고 성경은 기록하였다.

여기서 나는 히틀러가 유대인들에게 문신을 새겼던 것을 상기한다. 죽음의 수용소를 탈출한 유대인들의 몸에 찍혀진 문신을 볼 때 온몸에 소름이 끼친다. 사탄의 거짓에 대항하였을 때, 그 거짓에 대항한 자들에게 얼마나 잔혹한 처형이 실행되는가를, 그리고 이러한 사실은 이제부터 될 일들의 조그마한 예고에 불과하다는 것을 깨달았기 때문이다.

사탄이 히틀러를 지배한 것처럼 적그리스도를 사로잡는다. 사탄의 악한 계략은 끝이 없다. 시대가 발달하였듯이 대환난 때에 몸에 새겨진 숫자는 히틀러 시대의 문신보다 더 기술적으로 진보할 것이다. 사탄은 최고로 개발된 신기술을 이용할 것이다. 짐승의 표시가 없는 한 물건을 살 수도, 팔 수도 없다고 기록되었는데, 오늘날 이미 이 지구상의 모든 사람들은 신용카드를 갖고 있고 아주 익숙해져 있다.

모든 사람들이 이러한 상거래 시스템에 익숙해져 있어서 적그리스도가 새로운 숫자의 제도를 실행할 때에 아무 의심 없이 수용할 것이다. 이 경우 666의 숫자는 신용카드와도 같은 기능이기 때문이다.

사람들이 은행이나 상점에 가게 되면 스캐너(scanner)가 그 숫자를 읽은 다음, 컴퓨터는 그 고객을 판별하고 고객의 예금 잔고를 통해 결재한다. 따라서 갈수록 세상에서는 현금이 불필요하게 되며 그 안전성과 편리함 때문에 신용카드 제도는 많은 이들로부터 환호를 받게 된다. 그러나 이 시스템은 모든 사람들을 통제할 수 있다는 것이다.

이미 현금없는 '캐쉬레스(cashless)'의 시대는 시작되었다. 전 세계 슈퍼마켓에서는 이미 스캐너가 사용되고 있기 때문에 낡은 계산대(register)는 폐기 처분되었다. 이것은 물건의 가격을 스캐너가 판독하여 스크린에 표시하는 시스템이다. 마이크로 칩을 이용한 신용카드는 점점 진보되고 있다.

떠도는 말에 의하면 손의 피부 안에 컴퓨터 칩을 넣어 두고 사람을 순식간에 판단한다는 소문도 있고, 지문과 마찬가지로 손의 현관 조직까지도 읽어 낼 수 있는 스캐너가 개발되고 있다고도 한다. 어쨌든 숫자를 변형한 코드를 카드에 입력해 두기만 하면 타인에게 자신의 카드를 이용당할 염려는 없어지게 된다. 자신의 신분과 신원을 간단하게 알릴 수 있다.

만약 누가 이런 이야기를 듣고도 소름이 끼치지 않는다면 그것은 계시록을 읽지 않았다는 증거다. 나는 지금 우리가 편리하게 사용하는 이러한 새로운 기술이 악한 것이며 사탄에 의해서 만들어졌다고 말하는 것은 아니다. 그 자체가 나쁜 것이 아니고 더욱 발달한 시스템을 적그리스도가 자신의 목적 달성을 위해서 이용하게 된다는 것이 두려운 것이다. 우리들의 생활을 편리하게 만든 것들을 적그리스도가 이용해서 사람들을 통제하게 된다는 것이다. 이는 칼이 살인자에게 쥐어지는 것과도 같다.

이 시스템은 하나님을 거역하는 자들에 의해서 시작되는 것이므로 이 조직을 수용한다는 것은 적그리스도에게 충성을 맹세하는 것을 의미한다. 그러므로 짐승의 숫자를 받아들인 사람들은 자신들이 하는 일들을 모를 리가 없다. 그러나 모든 사람이 그것과 동시에 사탄에게 자신의 마음을 팔아넘긴다는 사실까지는 인식하지도 못할 것이다.

그때 세상 사람들은 적그리스도야말로 지상에 평화를 실현하는 위대한 인물이며 그야말로 존경의 대상이라고 생각하게 된다. 그러나 그 표시는 단순한 숫자가 아니며 사람들의 마음과 영혼까지도 지배할 수 있는 자의 숫자라는 것을 기억해야 할 것이다.

666의 의미

13장의 마지막에는 이런 말씀이 있다.

> [계시록 13:18]
> 지혜가 여기 있으니 총명 있는 자는 그 짐승의 수를 세어 보라. 그 수는 사람의 수니 육백육십육이니라

과연 이 666이라는 것은 무엇을 의미하는 것이겠는가? 이 부분은 지금까지 오랫동안 많은 추측과 상상을 불러일으켰다. 그중에는 정말로 어처구니없는 말들도 많다.

성경 안에 등장하는 모든 숫자는 그 의미가 있다. 12는 인간의 지배, 13은 사탄의 숫자, 7은 완전 수, 6은 불완전한 사람의 수를 나타낸다. 흥미롭게도 사람은 6일에 창조되었다. 그러므로 6이라는 숫자를 통하여 적그리스도는 사람임을 알 수 있다.

이는 영어보다는 그리스어나 히브리어로 보게 되면 깊은 의미를 알수 있다. 왜냐하면, 문자가 숫자의 역할까지도 감당하고 있기 때문이다. 그리스어의 알파, 베타, 감마는 A, B, C임과 동시에 1, 2, 3을나타낸다. 모든 그리스어에는 수치가 붙어 있어서 간단하게 한 단어의 수치를 계산할 수 있다.

예를 들면 8은 새로운 출발을 뜻하고, 흥미롭게도 예수라는 이름의수치를 계산하면 8, 8, 8이 되며 그 합계 또한 8로 나뉜다. 또 반대로 사탄이나 사탄에 관계되는 모든 것들의 이름을 보면 그들의 이름은 모두가 13으로 나뉘는 숫자들이다. 이와 같이 적그리스도의이름을 합하면 666이 되고, 또 6으로 나눌 수 있다. 그러나 성경에나오는 숫자에 모두 영적 의미를 부여하며 자기 임의대로 해석하는방법은 삼가야 할 것이다.

이 인물이 누구인가에 대하여 사도 요한은 다음 장을 통하여 몇 개의 힌트를 우리에게 주고 있지만, 아직 우리로서는 정확하게 알 수가 없다. 내 생각에 그는 지금 이 세상에 존재하고 있는 가능성은있다고 보지만, 그가 세계적인 무대에 표면적으로 나타나게 되기까지는 시간이 걸릴 것이다.

적그리스도가 누구이며 지금 어디에 있을지, 그리고 가령 그 이름을 알게 되었다고 하더라도 우리에게는 큰 의미는 없다. 다만 그는서서히 세상 가운데서 자신의 능력을 키우면서 '그때', 곧 자기의 허락된 때를 기다리고 있을 것이다.

그러므로 예수 그리스도 안에서 하나님과 함께 사는 우리는 이 666 이라는 숫자를 두려워할 필요가 없다. 가령 당신 집 주소나 전화번호가 666이라 할지라도, 차량번호가 666이라 해도 겁을 먹을 필요가 없다. 늘 하나님과 동행하며 영적으로 깨어남의 지혜를 구하며 진리의 말씀에 눈을 뜨고 있다면, 적그리스도가 권력을 쥐기 시작할 때에 그가 누구인지를 분명하게 알 수 있을 것이다.

제7장

진노의 포도주
계시록 14~15장

인생과 영화의 세계는 다르지만, 사탄은 영화 속의 나쁜 주인공과 도 같은 존재처럼 모든 계략에 실패하여도 결코 포기하려 하지 않는다. 그의 본성은 결코 변함이 없다.

한편, 우리에게 있어서 하나님은 위기일발의 상황에서 등장하는 영웅과도 같다. 그러므로 하나님과의 현재의 사귐은 마지막 시대의 전 세계와 하나님의 관계와 같은 맥락에서 생각해 볼 수 있다. 지금까지 당신에게 가져다준 하나님의 승리를 상각해 보면, 미래에 벌어질 싸움에 있어서도 하나님께서 승리하도록 해 주신다는 믿음을 가질 수가 있다.

또 다른 사람의 증언을 통해서 하나님의 구원의 역사를 듣는 순간 동일하신 하나님께서 나에게도 역사해 주실 것을 믿게 되어 큰 힘을 얻게 된다. 지금까지의 많은 사람들의 간증 속에서 "나는 인생의 밑바닥을 헤매고 있었습니다."라든지 "이제 더 이상 좋아지지 않으리라고 생각했습니다."라는 말을 들어 왔다. 이는 우리가 혼자 해 내려고 힘쓰던 일들을 포기해 버리고 "이제는 더 이상 의지할 곳이 없어요."라고 고백을 하는 순간 하나님께서 우리의 삶에 개입해 주신다.

이처럼 계시록 13장을 보면 인류가 오랫동안 살아왔던 지구와 함께 영원한 암흑 속으로 떨어지는 순간에 하나님께서 찾아오신다. 하나님의 어린 양 예수 그리스도는 자기 백성을 구원하기 위하여 오시는 시간에 지각하시는 일이 없으시다.

14장에 들어서서 사도 요한은 하나님의 거룩한 산 시온을 보게 된다. 거기에서 정복자가 되시는 하나님의 어린 양이 그 이름과 아버지의 이름이 이마에 표시된 십사만 사천 속에 둘려 있는 것을 보고 사도 요한은 숨을 멈추었을 것이다. 사탄은 그날을 수확의 날로 생각하지만, 사실 그날은 그리스도께서 심판을 위해서 출진하는 날이다.

[계시록 14:1-5]
1 또 내가 보니, 보라, 어린 양이 시온 산에 섰고 그와 함께 십사만 사천이 섰는데, 그 이마에 어린 양의 이름과 그 아버지의 이름을 쓴 것이 있도다.
2 내가 하늘에서 나는 소리를 들으니 많은 물소리도 같고 큰 뇌성도 같은데, 내게 들리는 소리는 거문고 타는 자들의 그 거문고 타는 것 같더라.
3 저희가 보좌와 네 생물과 장로들 앞에서 새 노래를 부르니 땅에서 구속함을 얻은 십사만 사천 밖에는 능히 이 노래를 배울 자가 없더라.
4 이 사람들은 여자로 더불어 더럽히지 아니하고 정절이 있는 자라. 어린양이 어디로 인도하든지 따라가는 자며, 사람 가운데서 구속을 받아 처음 익은 열매로 하나님과 어린 양에게 속한 자들이니,
5 그 입에 거짓말이 없고 흠이 없는 자들이더라.

계속해서 요한은 또 하늘을 나는 다른 천사가 땅에 거하는 자들, 곧 '여러 나라와 족속과 방언과 백성'(6절)에게 전할 영원한 복음을 가진 것을 보았다.

여기에서 공중을 나는 천사라는 것에 대해 어떤 이는 인공위성이라고도 말한다. 어쩌면 1세기에 살았던 요한과 그 당시 사람들은 인공위성이라는 것을 이해할 수 없었기 때문에 여기서는 그냥 천사라고 부른 것인지도 모른다. 그러나 우리는 어떻게 복음이 땅끝까지 전파될 것인지에 대한 확실한 답을 갖지 못한다.

하나님의 복음을 확장하기 위해서 여러 방면에서 모든 노력을 기울이는 사람들을 나는 칭찬하고 싶다. 더욱이 위성방송 등의 최신 기술은 복음 사역에 지대한 도움이 되고 있다. 그러나 천사에 대한 나의 견해는, 하나님의 말씀의 성취를 위해서, 그리고 복음이 전 세계에 전파되었는가 하는 것을 확인하기 위하여 보내심을 받은 하나님의 종이라고 생각한다.

예수께서 제자들에게 '이 천국 복음이 모든 민족에게 증거되기 위하여 온 세상에 전파되리니 그제야 끝이 오리라'(마태복음 24:14)하신 말씀을 생각해 보라. 어떤 사람들은 이 말씀을 들어 우리가 땅끝까지 복음을 전하기 위해 해외선교에 힘을 쏟아야 한다고 주장하며 그것이 예수 그리스도의 재림을 앞당기는 것이라고 믿는 사람들도 있지만, 그들은 예수님의 말씀을 오해하고 있는 것이다.

아시아, 아프리카, 그리고 라틴 아메리카와 같이 머나먼 나라를 향해 선교를 한다는 것은 기쁜 일이며, 힘든 험지에 복음을 전하는 사람들은 정말 존경스럽지만, 그렇다고 그들의 전도사역으로 주의 재림을 앞당길 수는 없다.

해외선교로 수많은 영혼들을 지옥에서 구원하는 것은 위대하고 가치 있는 일이지만, 전도의 노력에 의해서 그리스도의 재림이 앞당겨지는 것은 아니다. 그리스도의 재림은 처음부터 전지전능하신 하나님에 계획에 의해 이미 정해져 있기 때문이다.

적그리스도에 맞서기 위해서는 복음밖에 없다는 생각으로 투쟁하는 레지스탕스가 나타날지도 모른다. 만약 그렇다면 크리스천이 휴거된 후 보존된 시설을 이용해서 적그리스도의 허위를 깨닫고 그때서야 복음의 진리를 찾아 갈급하는 영혼들을 향해서 복음 서적이나 영상을 통하여 작전을 시도할지도 모른다.

오늘날은 거리마다 교회가 있고 크리스천 TV나 라디오에서는 설교방송과 찬양이 흘러나오며 서점에서도 많은 성경을 판매하고 있어서 사람들은 종교 활동이 전 세계적으로 활발하게 전개되고 있는 것으로 생각한다.

그러나 중국이나 북한과 같은 사회주의 체제 속의 크리스천들은 너덜너덜한 성경책을 다이아몬드와도 같이 귀하게 여기고 있다. 그들은 성경책 한 권을 얻는 것을 복중의 복으로 알고 있다. 독재 체제 속에서 사는 사람들은 자신과 자녀들이 하나님을 믿게 되기를 바라는 것만으로도 투옥될 정도의 위험을 감수해야 했다. 그럼에도 그들은 환난을 견디며 명예와 직업을 잃어버리는 순간에도 기쁨으로 하나님을 섬겼다. 대환난 시대의 복음 전파는 그보다 더 악한 상황이 되리라고 생각한다.

오늘날은 복음의 소리가 아무리 높아도 대부분의 사람들은 귀를 기울이지 않는다. 그러나 대환난 시대가 되면 다를 것이다. 절체절명의 영혼의 위기를 맞은 신자들은 예수님의 부활, 승천 후의 나타난 오순절 날 성령강림과 같은 부흥의 불꽃이 타오르기 시작할 것이다.

전 세계 속에서 신자들이 적그리스도 체제의 감시를 피하여 죽음을 마다하고 폐허 건물이나 토굴 같은 곳에 설치된 라디오 복음방송을 듣기 위해 모여든 사람들을 상상해 보라. 그들은 잡혀서 죽임당할 위험한 상황임에도 불구하고 오직 그리스도의 복음을 듣기 위해 기쁨으로 모이는 것이다.

오늘날 세계의 인구는 70억을 넘고 있지만, 아직 절반 이상의 사람이 예수 그리스도의 구원에 대하여 들은 적이 없다고 말한다. 게다가 그런 사람들의 비율은 더 높아지는 추세다. 현대의 고도의 커뮤니티 기술과 열정 어린 크리스천들의 노력에도 불구하고 아직도 복음은 전 세계에 전해지지 않았다. 그러나 오늘날 우리들의 노력은 열매를 맺게 되어 마지막 시대에 하나님께서 설정하신 영적 부흥의 날에 펼쳐질 것이다. 절체절명의 위급한 상황 속에서 전 세계에 그물망처럼 펼쳐진 최고속 인터넷망을 통해서 하나님의 말씀은 급속히 전파되며 확장될 것이다.

사도 요한이 복음을 가진 천사를 바라보자 그 천사는 커다란 음성으로 다음과 같이 말한다;

[계시록 14:7]
그가 큰 음성으로 가로되 하나님을 두려워하며 그에게 영광을 돌리라 이는 그의 심판하실 시간이 이르렀음이니 하늘과 땅과 바다와 물들의 근원을 만드신 이를 경배하라 하더라

이 말씀을 따르면 천사는 우주 그 자체가 아니고 우주를 창조하신 하나님을 경배하도록 땅에 거하는 자들에게 명령한다. 그러나 오늘날 수많은 사람들은 창조주 대신에 피조물을 숭배하고 있다.

과학자들은 우주 천체의 변화에 대응해 가는 방법을 '우주의 마음'이라고 칭하면서 하나님의 존재를 인정하려고 하지도 않는다. 그들 중에는 이 우주를 거대한 컴퓨터로 간주하는 과학자도 있다. 그들은 거대한 '우주의 마음'이라는 것이 생명의 발전을 가져왔으며 수백만 년 동안이나 인류의 진보에 영향을 끼쳐 왔다고 말하면서 그들은 하나님의 존재를 인정하지 않는다.

산업혁명 시대의 과학자들은 우주를 그들의 경제 형태, 즉 강자만이 살아남을 수 있다는 자본주의적인 논리와 겹쳐 생각하고 있었는데, 참으로 흥미로운 일이다. 찰스 다윈은 이 원칙을 자연계에 적용하여 '적자생존'이라고 불렀다. 이 사고가 그의 진화론의 중요한 교의 중의 하나가 되었다.

다윈은 변화에 대응하지 못하는 비즈니스는 소멸되며, 변화에 대응함으로써 최신 기술에 순응할 수 있는 비즈니스만이 장기적으로 보더라도 성공한다고 주장했다. 다윈은 생물계에도 냉혹한 생존경쟁이 일어나고 있으며 새롭게 진보된 종은 진화하지만, 순응성이 없는 낡은 것은 사라져 버린다는 비약된 주장도 했다.

이것이 19세기의 사고였다. 그러나 물질문명을 일으킨 산업혁명의 시대는 지나가 버렸다. 20세기 현재는 정보혁명의 시대로서 그 가운데 가장 중추적 역할을 감당하는 것이 컴퓨터다. 그것을 통하여 현대인들은 우주를 엿볼 수 있게 되며 더욱 컴퓨터의 한계를 발전시켜 우주를 관찰할 수 있게 되었다.

그러나 컴퓨터는 우주의 막대한 정보를 내장하고 있을 뿐이며 영적 관계의 마음은 없다. 이 시대에도, 인간의 머리로는 도저히 상상할 수 없는 복잡한 상태 속에서 질서정연한 우주 천체를 바라보면서도 창조자가 아닌 피조물을 숭배한다는 것은 정말로 기이한 일이 아닐 수 없다. 이로 보건대 화산의 분화나 강물의 범람을 달래기 위해 희생제물을 바쳤었던 시대로부터 인간은 조금도 진보되지 않은 것 같다.

14장에서 천사는 전 세계를 향하여 하나님께 경배하기를 촉구하고 있다. 계속해서 또 다른 천사는 큰 바벨론 성의 멸망의 메시지를 전하고 있다.

큰 성 바벨론은 '음행으로 인하여 진노의 포도주로 먹이던' 거대한 나라였다(계시록 14:8). 여기서 바벨론이란 과연 무엇을 가리키는 것일까? 그 부분에 대해서는 9장에서 자세히 살펴보자. 이후 세 번째 천사도 큰 음성으로 말하고 있다.

[계시록 14:9-10]
9 만일 누구든지 짐승과 그의 우상에게 경배하고 이마에나 손에 표를 받으면
10 그도 하나님의 진노의 포도주를 마시리니 그 진노의 잔에 섞인 것이 없이 부은 포도주라.

앞서 말했지만, 사람들은 그 의미조차도 깨닫지 못한 채 짐승의 표시를 받는다. 그 표시를 받는 자는 그로 인해 빚어질 경고를 받게 되지만 경고를 받으면서도 거기서 벗어나는 자들은 거의 없을 것이다.

오늘날 많은 사람들이 예수 그리스도의 영원한 기쁨보다는 사탄이 주는 일시적 쾌락을 택하는 것처럼, 그들도 하나님보다는 적그리스도를 선택하는 것이다. "내가 이 표를 받게 된 것은 짐승을 경배하기 위함이 아니고 나와 가족의 식량을 사기 위해서였다는 것은 하나님께서도 알아주시겠지."와 같은 변명은 있을 수 없다. 이미 하나님께서는 그 표를 받은 자 위에 진노를 쏟으신다고 분명하게 말씀하셨기 때문이다.

그러나 그 시대에 살면서 그 표를 받는 것을 거부한다는 것도 절대 쉽지만은 않을 것이다. 만약에 거부한다면 그 어떤 물건도 살고 팔 수 없으며, 그런 사람들은 고발되어 사탄의 정부로부터 박해받고 결국은 죽임을 당하게 될 것이기 때문이다. 자녀를 가진 부모들은 마음이 찢어지는 고통을 겪게 될 것이다. 이처럼 계시록에 언급된 박해는 우리가 생각하는 그 이상이다. 이때는 오직 하나님께 자

신의 생명을 바치는 자만이 적그리스도 체제의 공포에 대항할 수 있을 것이다.

우리는 신용카드가 필수인 세상에 살고 있다. 대환난 때에 처음에는 짐승의 표시를 받으려는 생각이 없었던 사람이라도 '어차피 박해를 받을 것이라면 지금 짐승의 표를 받아 두는 편이 박해를 미루는 데 도움이 될 거야'라고 생각할지도 모른다. 그러나 만약 박해의 시간을 조금 뒤로 미룬다고 할지라도 그것은 그렇게 길지는 않을 것이다. 분명한 것은 그 후에는 더욱 참혹한 상황이 기다리고 있다는 것이다. 천사는 다음과 같이 말한다.

[계시록 14:10-11]
10 그도 하나님의 진노의 포도주를 마시리니 그 진노의 잔에 섞인 것이 없이 부은 포도주라. 거룩한 천사들 앞과 어린 양 앞에서 불과 유황으로 고난을 받으리니
11 그 고난의 연기가 세세토록 올라가리로다. 짐승과 그의 우상에게 경배하고 그 이름의 표를 받는 자는 누구든지 밤낮 쉼을 얻지 못하리라.

그러면 과연 하나님의 심판이 불공평한 것일까? 그러나 하나님께서는 이미 이 땅의 모든 사람에게 적그리스도가 아닌 하나님만을 예배할 기회를 주셨다. 모든 이에게 복음이 전파되고 짐승의 표를 받으면 어떻게 될 것인가라는 경고까지 하셨다. 그러나 부모의 말을 들으려 하지도 않았던 아이와 같이 많은 사람들이 하나님을 거절하고 그의 뜻에 반항했다. 하나님은 오래 참으시며 그들이 회개하고 돌아서기를 원했지만, 하나님의 때는 시작되었고. 그때가 되면 하나님의 인내는 더 이상 남아 있지 않다.

[계시록 14:13]
또 내가 들으니 하늘에서 음성이 나서 가로되 기록하라 지금 이 후

로 주 안에서 죽는 자들은 복이 있도다 하시매 성령이 가라사대 그
러하다 저희 수고를 그치고 쉬리니 이는 저희의 행한 일이 따름이
라 하시더라

이때 사도 요한은 또 다른 환상을 보게 된다. 그리스도께서 흰 구
름을 타고, 머리에 금 면류관을 쓰고, 손에는 예리한 낫을 들고 계
셨다. 주께서 땅의 곡식이 다 익었으므로 거두기 위해서 오시는 것
이다.

사도 요한은 거두어들인 포도는 하나님의 진노의 포도주 틀에 던져
밟히고 거기서 피가 흘러나와 말굴레까지 이를 정도가 되며 일천육
백 스다디온(약 297km)에 퍼졌다고 증거하였다.

예수 그리스도의 재림이 가까웠다는 것을 적그리스도와 그 부하
들 또한 알고 있다. 이 정도의 단계라면 지상의 모든 사람들은 하
나님을 따를 것인가, 사탄을 따를 것인가 분명한 결단을 내려야 한
다. 적그리스도의 군대는 그리스도의 재림을 저지하려고 하지만 그
런 짓은 더이상 통하지 않는다. 자신의 피를 통해서 구속하신 이 지
구에 주인이신 하나님의 아들이 재림하시는 것을 어느 누구도 막
을 수는 없다.

적그리스도에 대한 그리스도의 승리는 가지로부터 포도를 따서 포
도즙 틀에 집어넣는 것과도 같이 아주 간단한 일이다. 이러한 모습
은 이미 예언자 이사야를 통해서 하나님께서 말씀하셨다.

[이사야 63:3-6]
  3 만민 중에 나와 함께한 자가 없이 내가 홀로 포도즙 틀을 밟았는데,
    내가 노함을 인하여 무리를 밟았고 분함을 인하여 짓밟았으므로 그
    들의 선혈이 내 옷에 뛰어 내 의복을 다 더럽혔음이니,
  4 이는 내 원수 갚는 날이 내 마음에 있고 내 구속할 해가 왔으나

5 내가 본즉 도와주는 자도 없고 붙들어 주는 자도 없으므로 이상히 여겨 내 팔이 나를 구원하며 내 분이 나를 붙들었음이라.

6 내가 노함을 인하여 만민을 밟았으며 내가 분함을 인하여 그들을 취케 하고 그들의 선혈로 땅에 쏟아지게 하였느니라.

또 하나님의 진노를 다음과 같이 설명하고 있다;

[이사야 63:9-10]

9 그들의 모든 환난에 동참하사 자기 앞의 사자로 그들을 구원하시며 그 사랑과 그 긍휼로 그들을 구속하시고 옛적 모든 날에 그들을 드시며 안으셨으나

10 그들이 반역하여 주의 성신을 근심케 하였으므로 그가 돌이며 그들의 대적이 되사 친히 그들을 치셨더니

사도 요한은 하나님의 진노의 때가 차서 일곱 천사가 마지막 일곱 재앙을 지상에 가져오는 환상을 본다. 이 천사들이 자신의 임무를 수행하고자 할 때 바닷가에서 그 짐승과 우상에게 승리한 사람들을 보게 된다. 그들은 계시록 6장에서 다섯 번째의 인봉이 떼어질 때 요한이 보았던 사람들이다.하나님의 약속과 같이 그들의 동료의 수가 찼으므로 그들은 수정과같이 맑은 유리 바닷가에 서서 그들의 순교로 흘린 피에 대한 복수가 하나님에 의해서 이루어지는 상황을 보고 있다. 그들은 노래를 부르면서 하나님의 의와 하나님께서 지상에 보내실 공평한 심판을 선언한다.

사도 요한이 이 광경을 보고 있는데 하늘 성전으로부터 일곱 천사가 나온다. 천사들은 맑고 빛난 세마포 옷을 입고 가슴에 금띠를 띠고 있다. 그리고 한 사람씩 하나님의 진노를 가득 담은 금 대접을 넘겨받는다. 이제는 적그리스도가 하나님과 맞서려고 하는 것은 부질없는 일이다. 우리가 아는 바와 같이 정의는 승리하며 불의는 패배하게 된다.

제8장

적그리스도의 파멸
계시록 16장

적그리스도는 지상의 천하무적이 되어 과거의 어느 누구도 이루지 못했던 세계정복을 성취한다. 그는 세계 최강의 지도자로 군림하며 어느 누구도 그와 겨룰 힘도 없고 맞서 싸울 수도 없게 된다.

대항하려는 모든 것은 그에 의하여 파멸된다. 적그리스도와 그의 부하들은 그들이 영원한 제국을 세웠다고 확신한다. 히틀러는 자기가 세운 제3제국이 천 년 이상 계속되기를 소망했지만, 마지막 날에 있을 포악무도한 정복자에 비하면 그의 꿈은 비교도 안 된다.

그러나 적그리스도는 하나님의 진노를 미처 계산해 두지 않았다. 사탄의 모든 힘을 결집한다고 해도 하나님의 능력은 도저히 당할 수 없다. 적그리스도의 왕국도 하나님의 진노에 의하여 모래산과 같이 무너져 내린다.

이전 장에서는 하나님의 진노가 가득 찬 금대접이 건네짐으로써 하나님의 최후의 심판이 내려지게 될 모습을 살펴보았다.

[계시록 16:1-2]
1 또 내가 들으니 성전에서 큰 음성이 나서 일곱 천사에게 말하되 너희는 가서 하나님의 진노의 일곱 대접을 땅에 쏟으라 하더라.

2 첫째가 가서 그 대접을 땅에 쏟으매 악하고 독한 헌데가 짐승의 표를 받은 사람들과 그 우상에게 경배하는 자들에게 나더라.

이때에도 하나님은 깨달은 자기 백성 된 신자들과 적그리스도를 따르던 자를 구별하신다. 물론 이 시기의 하나님의 백성들은 지상에서 고난을 받게 되지만 그들이 받는 고난은 하나님께로부터 온 것이 아니다. 그들은 하나님을 믿음으로 말미암아 세상 지배자의 박해로 순교의 고난을 받는 것이다.

그러나 이 시대에 주어지게 되는 엄청난 하나님의 진노는 그 아무도 견뎌 낼 수가 없다. 적그리스도를 따르던 자들에게 생기게 된 악성 종기는 방사능에 의한 화상과 비슷한 종양이다. 짐승의 숫자 시스템에 오류가 발생하여 손을 쓸 수 없는 병을 유발할지도 모른다. 쇼핑할 때 숫자를 판독하는 스캐너로부터 나온 방사능으로 생긴 종양일지도 모른다.

어쩌면 우주의 오존층 파괴와 관계가 있을 가능성도 있다. 어떤 우주 과학자들은 태양 광선에 포함된 유해 자외선으로부터 지켜 주는 필터의 기능을 감당하는 오존층이 엷어져 구멍이 나게 되었다고 경고하고 있다. 태양 광선을 심하게 쪼이면 화상과도 비슷한 증상이 나타나는 것처럼, 만약에 오존층이 모두 사라진다면 인간의 피부는 심한 손상을 입는다.

오존층은 지상으로부터 약 65km 되는 곳에 위치한다. 그것은 마치 하나님께서 지구의 둘레에 놓아 주신 보호용 모포와도 같다. 오존층이 존재에 대하여 어떤 무신론자들은 우주의 생성과정에서 생긴 최고의 우연이라고도 말하지만 나는 하나님의 은혜와 사랑의 표시라고 생각한다.

하나님께서는 지상에서 우리에게 필요한 모든 것을 예비해 두셨다.

그러나 지구에서 발생하는 가스 등에 의한 대기 오염의 결과 남극의 오존층은 상당 부분이 훼손되었으며 북극 또한 점점 파괴의 폭이 넓어져 간다고 한다.

자외선이 피부암의 원인이 된다는 것은 이미 널리 알려진 사실이다. 지구의 오염으로 인하여 오존층에 구멍이 생긴다면 지상의 사람들은 그 결과를 되돌려 받게 된다. 오늘 요한의 증거는 짐승의 표를 받은 자들에게만 나타날 악성 종양 같은 것이라고 생각되지만, 하나님의 자녀들은 구약 성경에서 하나님이 애굽에서 역사하셨던 것과 같은 초자연적인 힘에 의해서 보호를 받게 될 것이다.

물의 오염

[계시록 16:3-6]
3 둘째가 그 대접을 바다에 쏟으매 바다가 곧 죽은 자의 피같이 되니 바다 가운데 모든 생물이 죽더라.
4 셋째가 그 대접을 강과 물 근원에 쏟으매 피가 되더라.
5 내가 들으니 물을 차지한 천사가 가로되 전에도 계셨고 시방도 계신 거룩하신 이여. 이렇게 심판하시니 의로우시로다.
6 저희가 성도들과 선지자들의 피를 흘렸으므로 저희로 피를 마시게 하신 것이 합당하니이다.하더라.

둘째, 셋째 천사는 지구상에 재난을 가지고 온다. 어떻게 전개되겠는가 하는 정확한 추정은 힘들지만, 예를 들면 유독물질의 처리 문제 등을 생각해 볼 수 있다. 오늘날에도 맹독성 유해 물질을 흘려 내보내는 기업들이 있다. 호수나 강에 대한 정화 노력과 정부의 엄격한 규제에도 불구하고 오늘날의 오염상황은 날이 갈수록 점점 위험한 상황에 이르렀다.

또한, 매년 대형 선박들을 사고로 광범위한 지역의 바다가 오염되고 있다. 해양학자들은 전 세계 곳곳에서 일어나는 대형 선박 사고로 인한 오염으로 바닷속의 모든 생물이 죽어 사라져 버릴지도 모른다고 경고하고 있다.

그러나 성경의 예언된 물의 오염은 인간의 과실로 발생한 것이 아니다. 앞에서 보았지만, 태양계의 소혹성 가운데 약 이천 개 정도가 지구로부터 수천 킬로미터의 거리에 가까운 궤도에 있다. 만약 그 가운데 하나가 지구의 대기권에 들어와 분해되든지 충돌하든지 한다면 대기 중에는 먼지와 잔해로 가득 차게 될 것이다. 또한, 그 잔해들은 바닷속으로 침전될 것이다. 그리하여 세계적인 적조 현상과 함께 수중 생물들은 사멸될 것이다.

물론 보편적으로 나타나는 적조 현상은 보통 그리 오래가지 않으며 생태계의 균형 현상에 의하여 저절로 회복되고 있다. 그러나 계시록 16장에서 천사가 하나님의 진노의 대접을 쏟게 되는 경우에는 지구에 있는 모든 강과 물 샘에서 나타나는 것임으로 우리의 상상으로 측정하지 못할 상태가 될 것이다. 이로 인하여 전 세계 수산 업계는 완전히 마비될 것이며 해산물 시장도 사라지고 바닷물에서 생산되는 천연소금도 사라지게 된다. 그 결과로 세계 경제는 바닥을 칠 것이다.

물의 오염은 산성화된 비로 나타나기도 한다. 실제로 오늘날 미국과 캐나다의 어떤 지역에서는 산성비로 인하여 많은 물고기가 죽었으며 환경의 균형 또한 파괴되어 버린 곳도 있다. 최근 미국 내에 있는 공장 굴뚝에서 방출되는 오염 물질로 피해를 입은 캐나다 정부는 미국 정부에 대하여 제조업자에 대한 엄격한 규제를 촉구한 일이 있다. 이른바 산성비 논쟁이다. 산성비는 오염 물질을 내뿜는 한정된 지역에만 내리는 것이 아니라 바람에 의해서 수백 킬로미터나 떨어진 지역에까지 유해 물질을 옮겨 가기 때문에 캐나다 정부가 항의한 것이다.

아직은 이런 문제들이 일부 지역에 한정되어 있지만 우리는 바람을 타고 어디까지 산성비가 확산하는가에 대해 알 수 없으며, 그렇다고 해서 이 오염 문제를 곧 해결할 만한 대책도 세워지지 않고 있다. 너무나도 많은 기업들이 사회의 안정성이나 지구의 환경문제는 도외시한 채 최대한의 이윤만을 추구하고 있기 때문이다.

그렇다고 나는 이 사업가들의 이기심만을 말하는 것은 아니다. 왜냐하면, 이기적인 것은 인간의 본성이기 때문이다. 바다나 대기 중에 오염 물질을 흘려보내는 기업은 죄의 본성을 지닌 인간의 전형적인 본성이라 할 수 있겠다. 그 때문에 천사는 이 지상에 내려지는 하나님의 심판이 공정하다고 선언한다. 지상에 사는 사람들의 자업자득의 결과이기 때문이다.

그 누구도 하나님의 인내와 자비를 능가할 수는 없다. 그 사랑으로 아들 예수 그리스도를 보내어 피의 대속을 통하여 인류를 구원할 계획을 세우셨다. 누구든지 그를 주인으로 받아들이면 하나님의 자녀가 되어 그 누구든지 지구에 임할 재앙으로부터 구원받게 된다. 그러나 이미 약정하신 때가 이르면 이미 말씀하신 것처럼 이 땅에서 하나님의 심판이 시작된다. 하나님의 심판에 대하여 천사는 다음과 같이 말하고 있다.

[계시록 16:6]
저희가 성도들과 선지자들의 피를 흘렸으므로 저희로 피를 마시게 하신 것이 합당하니이다 하더라

태양의 재해

[계시록 16:8-9]

8 넷째가 그 대접을 해에 쏟으매 해가 권세를 받아 불로 사람들을 태우니

9 사람들이 크게 태움에 태워진지라. 이 재앙들을 행하는 권세를 가지신 하나님의 이름을 훼방하며 또 회개하여 영광을 주께 돌리지 아니하더라.

사도 요한은 여기에서 어떤 항성이 급속하게 팽창해 가는 현상을 묘사하고 있는 것인지도 모른다. 태양과 비슷한 질량의 항성은 그 일생을 마치기 직전 태양 반경의 백배나 되는 거대한 붉은 별로 변한다. 이때 그 표면은 수성이나 금성의 궤도를 넘어설 정도로 부풀게 된다. 이 현상은 별이 빛나는 데 필요한 원료인 수소를 다 사용함으로 인하여 소멸하여 가는 때에 발생하는 것이라고 한다. 곧 별이 생명을 마치는 순간에 나타나는 최후의 모습이다.

태양은 앞으로 수십억 년 계속해서 빛나게 된다는 과학자들도 있지만, 그들은 시간과 우주가 하나님의 권능의 손에 있다는 사실을 망각하고 있다. 이 지구의 생명이 마지막에 가까워졌다는 말씀에는 해와 달 그 외의 별들의 생명도 포함된 것이다.

극심한 더위 또한 태양 자체의 변화에 의한 것이라기보다는 지구의 대기 변화에 의한 것일 가능성이 크다. 오존층에 구멍이 생김으로써 그곳을 통하여 보다 많은 자외선이 지구에 전달된다는 것은 이미 살펴보았듯이 이 순간에도 오존층이 심하게 파괴되어 지구상에 위험한 광선이 내리쬐어지는 것일지도 모른다.

지금 지구상의 온실 효과에 의해서 기온이 매년 상승한다고 보고되고 있는데 이것 또한 극심한 더위의 한 원인이 될 수 있다. 또 기

온 상승과 함께 남극과 북극의 얼음이 녹아내려 해면 수위가 높아질 것이며, 이로 인하여 세계적인 홍수 사태가 일어날 것이라 염려된다.기온 상승의 결과로 지구상에 있는 경작 면적은 감소할 것이며 사막화가 급속히 진행될 것이다. 게다가 산림의 무분별한 벌목은 지구의 사막화를 더욱 가속할 것이다. 또한, 기온 상승으로 식물이 자랄 수 없게 되므로 지구의 사막화에 더욱 박차를 가하는 악순환이 발생할 것이다.

여기에서 사도 요한이 묘사하고 있는 기온 상승의 원인은 몇 가지 측면에서 추측해 볼 수 있다. 기온이 상승함으로써 극심한 더위에 고통받는 사람들은 가는 곳마다 폭동을 일으키며 하나님을 경배하기는커녕 하나님의 이름을 모욕한다. 그러므로 이제부터 이 지상에 벌어질 일들을 생각해 볼 때 하나님의 말씀을 지키는 자에게는 환난의 날에도 피할 길을 예비하신 하나님께 감사치 않을 수 없다.

암흑의 순간

[계시록 16:10-11]
10 또 다섯째가 그 대접을 짐승의 보좌에 쏟으니 그 나라가 곧 어두워지며 사람들이 아파서 자기 혀를 깨물고
11 아픈 것과 종기로 인하여 하늘의 하나님을 훼방하고 저희 행위를 회개치 아니하더라.

하나님께서 모세를 통하여 애굽에 가져다준 아홉 번째의 재앙은 전 지역이 흑암에 휩싸이는 것이었다.

[출애굽기 10:21-23]
21 여호와께서 모세에게 이르시되 "하늘을 향하여 네 손을 들어서 애굽 땅 위에 흑암이 있게 하라. 곧 더듬을 만한 흑암이리라."

22 모세가 하늘을 향하여 손을 들매 캄캄한 흑암이 삼 일 동안 애굽
온 땅에 있어서
23 그동안은 사람들이 서로 볼 수 없으며 자기 처소에서 일어나는 자
가 없으되 이스라엘 자손의 거하는 곳에는 광명이 있었더라.

한밤중에 차를 타고 달리는 동안 갑자기 앞차의 후미등조차도 보이
지 않을 정도의 짙은 안개에 휩싸인 경험은 없는가? 내가 사는 남
부 캘리포니아의 해안선에는 종종 있는 일로서 그때 운전한다는 것
은 섬뜩한 일이다.

우리는 짙은 안개로 인하여 승용차가 충돌하였다는 기사는 종종
볼 수 있다. 짐승의 왕국을 흑암이 뒤덮는다는 부분은 그같이 짙
은 안개에 휩싸인 상태를 연상케 하지만 이와는 전혀 다른 요인
으로 인하여 상태가 악화된 것이다. 이는 작열하는 태양열로 인하
여 사람들이 태워진 다음에 계속되는 재난이므로, 태양 자체가 가
물거릴 정도의 빛을 비추는 별과 같은 상태로 전락하였음을 짐작
할 수 있다.

마태복음에서 예수님이 '여호와의 크고 두려운 날이 이르기 전에
해가 어두워지고 달이 핏빛같이 변하려니와'(요엘 2:31: 마24:29)
라는 요엘의 예언을 긍정적으로 인용하셨던 것을 상기하라.

사실 그날은 예수 그리스도가 재림하시게 되며 이 지상에 하나님
의 나라가 건설되는 날이다. 원인이 어찌 되었든지 흑암은 정전과
함께 더욱더 큰 공포의 순간이 될 것이며, 그 암흑 속에서 사람들은
자제력을 잃어버리고 저주를 쏟게 될 것이다.

아마겟돈을 향한 길

다음으로 하나님의 진노의 여섯 번째 대접이 쏟아진다.

[계시록 16:12-14]
12 또 여섯째가 그 대접을 큰 강 유브라데에 쏟으매 강물이 말라서 동
   방에서 오는 왕들의 길이 예비되었더라.
13 또 내가 보매 개구리 같은 세 더러운 영이 용의 입과 짐승의 입과
   거짓 선지자의 입에서 나오니
14 저희는 귀신의 영이라. 이적을 행하여 온 천하 임금들에게 가서
   하나님 곧 전능하신 이의 큰 날에 전쟁을 위하여 그들을 모으더라.

하나님께서 사탄의 세력과의 최후의 결전을 위하여 세계 각국의 군
대를 므깃도 평야에 모으신다. 중국, 일본, 한국, 인도, 아프가니스
탄 등 동방의 국가 통치자들이 중동으로 모여드는 것이다.

하나님께서는 유브라데 강물을 말리셔서 그 길을 예비하신다. 중
동을 흐르는 이 강은 길이 약 2,700km, 폭 5-20km, 깊이는 평균
10m 정도의 규모다. 이미 시리아에서는 이 강을 이용해서 댐 건설
을 완성했다. 이 댐 공사는 바로 이 예언의 시작일 것이다. 이 댐
이 완성되면 유브라데 강은 전혀 다른 모습으로 바뀌게 될 것이다.

이 세상의 마지막이 가까워져 오면 사탄은 그의 협력자들을 꾀어서
아마겟돈에 집결시켜 그리스도의 재림을 저지하려고 하지만, 사탄
의 말에 귀를 기울이는 자는 스스로 파멸을 초래하게 될 것이다. 지
상의 왕과 군대가 집결해 있을 때 그리스도가 임하시기 때문이다.

이미 주께서 "보라. 내가 도적같이 오리니 누구든지 깨어 자기 옷을
지켜 벌거벗고 다니지 아니하며 자기의 부끄러움을 보이지 아니하
는 자가 복이 있도다"(계시록 16:15) 말씀하셨다.

다 되었다

다음 일곱 번째 대접으로 하나님의 최후의 재앙이 부어지는 때가
되었다. 천사가 공중으로 마지막 대접을 쏟아 붓자 성전 안으로부
터 "다 되었다"는 큰 음성이 나온다. 이 음성을 들을 때 사도 요한
은 수십 년 전에 예수 그리스도가 십자가 위에서 숨을 거두시기 직
전에 "다 이루었다" 하신 말씀이 떠올랐을 것이다. 예수님은 그를
믿는 자들의 죄의 대속을 위해서 생명을 바쳐 지상에서의 모든 사
명을 성취했다고 외치셨지만, 지금의 외침은 악한 세상의 종말을
뜻하고 있다.

사람들은 반드시 그가 행한 악행의 대가를 치르게 된다. 예수님의
십자가 위에서 이루신 말씀에 의하여 모든 사람을 향한 하나님의
영원한 화평의 문이 열리게 되었다. 그러나 지금 계시록의 외침으
로 구원의 문이 닫히고 더 이상 구원의 기회는 주어지지 않는다. 그
음성이 선포된 후에 일찍이 볼 수 없었던 엄청난 지진이 일어난다.

[계시록 16:19]
큰 성이 세 갈래로 갈라지고 만국의 성들도 무너지니 큰 성 바벨론
이 하나님 앞에 기억하신 바 되어 그의 맹렬한 진노의 포도주 잔을
받으매

이 지진은 뚜렷하게 이 세계의 각 도시를 흔들어 놓는데, 상당히
긴 시간 동안 계속될 것이다. 이사야도 같은 사실을 기록하고 있다.

[이사야 24:18-21]
18 두려운 소리를 인하여 도망하는 자는 함정에 빠지겠고, 함정 속에
서 올라오는 자는 올무에 걸리리니, 이는 위에 있는 문이 열리고 땅
의 기초가 진동함이라.
19 땅이 깨어지고 깨어지며 땅이 갈라지고 땅이 흔들리고 흔들리며

20 땅이 취한 자같이 비틀비틀하며 원두막같이 흔들리며 그 위의 죄
　 악이 중하므로 떨어지고 다시 일지 못하리라.
21 그날에 여호와께서 높은 데서 높은 군대를 벌하시며 땅에서 땅의
　 왕들을 벌하시리니

우리가 지진의 원인까지는 확실히 알 수 없지만, 사도 요한은 모든
섬이 사라져 버리며 산들도 자취를 감추어 버렸다고 증거한다. 앞
서 거대한 운석이 지구에 충돌하게 될 때의 모습을 언급했었는데
만약 사도 요한이 목격했던 것이 바로 그것이었다면 그 충격으로
지구는 궤도로부터 이탈해 버릴 것이다.

아니면 '땅이 취한 자같이 비틀비틀하며 원두막같이 흔들리며'라
는 이사야 선지자의 예언을 통해 볼 때 지구가 공전하는 동안에 발
생하는 지축의 흔들림일지도 모른다. 과학자들은 종래에 있었던 지
축의 진동은 우리가 체감할 수 없지만, 진동의 충동이 더 커지면 지
구가 정지하기 직전의 최고 절정의 때와 같이 될 것이라고 말한다.

그러나 그 현상 또한 자연히 원형으로 복귀되며 7년을 주기로 반
복될 것이라고 주장한다. 그들은 지구의 역사상 7년이 지난 후에
도 그 진동이 멈추지 않아 축이 역전하는 상황이 있었다고 지적하
고 있다. 그러나 만약 지축이 뒤틀리는 진동이 일어난다면 모든 섬
들은 바다에 가라앉고, 산은 자취를 감추게 되며, 도시는 붕괴되어
버릴 것이다.

거대한 운석에 의하여 궤도를 벗어난다든지 지축이 역전한다면 지
구의 기후는 급격하게 변화될 것이다. 사도 요한은 다음 환상을 통
해서 이 같은 상황을 설명하였다.

[계시록 16:21]
또 중수가 한 달란트(약 35kg)나 되는 큰 우박이 하늘로부터 사람들

에게 내리매 사람들이 그 우박의 재앙으로 인하여 하나님을 훼방하
니 그 재앙이 심히 큼이러라.

하나님께서 애굽에 내리셨던 우박의 재앙(출 9:13-35)을 기억하
고 있는가? 그러나 이것은 사도 요한이 본 것과는 비교할 수 없다.
꽤 오래전의 일이지만 커다란 얼음덩이가 하늘에서 떨어져 민가의
지붕을 뚫었다는 뉴스를 들은 일이 있다. 다행히 부상자는 없었으
나 당국에서는 10kg이나 되는 얼음덩어리가 떨어졌다고 발표했다.
그때 최종 조사 결과는 항공기의 화장실에서 나온 물이었다고 결
론을 내렸지만, 어떻게 해서 그런 일이 일어났는가 하는 것은 여전
히 숙제가 되었다.

우리는 35kg이나 되는 우박이 떨어지는 모습을 상상하기는 어렵지
만 그렇게 된다면 지구상에 피할 곳은 어디에도 없다. 건물의 지붕
을 뚫게 되며 차나 트럭과 모든 건물이 파괴되어 버릴 것이다. 이
믿을 수 없는 참상이 확대되어 가는데 이것이 지구에 내려지는 최
후의 심판이다. 그리고 큰 음녀 바벨론이 그 악행의 심판을 받고 적
그리스도의 시대는 끝나버린다.

제9장

바벨론의 붕괴
계시록 17~19장

[계시록 17:1-2]

1 또 일곱 대접을 가진 일곱 천사 중 하나가 와서 내게 말하여 가로
되 "이리 오라. 많은 물 위에 앉은 큰 음녀의 받을 심판을 네게 보
이리라.

2 땅의 임금들도 그로 더불어 음행하였고, 땅에 거하는 자들도 그 음
행의 포도주에 취하였다" 하고

이 말씀 후에 사도 요한은 성령에 의해서 광야로 이끌려가서 붉은
빛 짐승을 탄 여자를 보게 된다. 그 짐승은 일곱 머리와 열 뿔을 지
녔으며 하나님을 모독하는 이름으로 가득 쓰여 있는 것으로 보아서
13장에서 등장한 짐승임을 알 수 있다.

이 여자는 자줏빛과 붉은빛 옷을 입고 금과 보석과 진주로 치장하
고 있는 것을 보면 꽤나 신분이 높은 자임을 분명히 알 수 있다. 그
녀의 손에는 금잔이 쥐어져 있으며 그 잔에는 가증한 물건과 음행
의 더러운 것들이 가득 채워져 있었다. 그녀는 성도들의 피와 예수
의 증인들의 피에 취해 있다고 요한이 묘사하고 있다.

또한 그녀의 이마에는 '큰 바벨론이라. 땅의 음녀들과 가증한 것들
의 어미라' 기록되었다. 그 여자를 본 사도 요한은 크게 기이히 여

겼다고 기록되었는데, 사도 요한의 환상에 기이하고도 무시무시한 생물과 불가사의한 사건들이 여럿이 포함되어 있었기 때문에 놀라는 것은 당연하다. 그렇다면 여기서 과연 성도들의 피를 마신 여자의 정체는 무엇일까?

그다음에 계속되는 구절들을 통하여 천사는 사도 요한에게 이 여자의 정체와 환상의 의미를 설명한다. 그런데 이 천사의 설명은 우리에게 그에 대한 어떤 해답이라기보다는 오히려 여러 가지 의문을 더해 준다.

[계시록 17:8-18]

8 네가 본 짐승은 전에 있었다가 시방 없으나 장차 무저갱으로부터 올라와 멸망으로 들어갈 자니, 땅에 거하는 자들로서 창세 이후로 생명책에 녹명되지 못한 자들이 이전에 있었다가 시방 없으나 장차 나올 짐승을 보고 기이히 여기리라.

9 지혜 있는 뜻이 여기 있으니 그 일곱 머리는 여자가 앉은 일곱 산이요

10 또 일곱 왕이라. 다섯은 망하였고 하나는 있고 다른 이는 아직 이르지 아니하였으나 이르면 반드시 잠깐 동안 계속하리라.

11 전에 있었다가 시방 없어진 짐승은 여덟째 왕이니 일곱 중에 속한 자라. 저가 멸망으로 들어가리라.

12 네가 보던 열 뿔은 열 왕이니 아직 나라를 얻지 못하였으나 다만 짐승으로 더불어 임금처럼 권세를 일시 동안 받으리라.

13 저희가 한 뜻을 가지고 자기의 능력과 권세를 짐승에게 주더라.

14 저희가 어린 양으로 더불어 싸우려니와 어린 양은 만주의 주시요 만왕의 왕이시므로 저희를 이기실 터이요, 또 그와 함께 있는 자들 곧 부르심을 입고 빼내심을 얻은 진실한 자들은 이기리로다.

15 또 천사가 내게 말하되 "네가 본 바 음녀의 앉은 물은 백성과 무리와 열국과 방언들이니라.

16 네가 본 바 이 열 뿔과 짐승이 음녀를 미워하여 망하게 하고 벌거

벗게 하고 그 살을 먹고 불로 아주 사르리라.

17 하나님이 자기 뜻대로 할 마음을 저희에게 주사 한 뜻을 이루게 하
   시고 저희 나라를 그 짐승에게 주게 하시되 하나님 말씀이 응하기
   까지 하심이니라.

18 또 네가 본 바 여자는 땅의 임금들을 다스리는 큰 성이라." 하더라.

사도 요한은 천사의 모든 말을 분명히 이해했지만, 오히려 이천년
이 지난 오늘을 사는 우리는 이해를 도와주는 사람이 필요할 것
같다. 어쩌면 이러한 난해한 기록은 적그리스도에게 해독되지 않
기 위해 명쾌하게 기록하지 않았을지도 모른다. 다시 말해서 AD
95~96년까지 밧모섬에 유배되어 있을 때 로마 제국의 도미티아
누스 황제에게 이 글의 내용이 완벽하게 노출되는 것을 원치 않았
을 것이다.

사도 요한이 짐승과 악한 왕, 그리고 피의 음녀에 관한 환상을 보
고 있을 때 도미티아누스 황제는 크리스천들의 피로 손을 적시고
있었다. 그는 크리스천을 이 세상에서 말살시켜 버리기 위해서는
물불을 가리지 않았던 로마 제국의 가장 포악한 황제였다. 그는 자
신이 신의 혈통이라고 선언하며 다른 신을 섬기는 자들을 용인하
지 않았다.

또한, AD 54년부터 68년 사이, 네로황제 때에 로마에 큰 화재가
발생했다. 그는 자기의 광기에서 일어난 화재를 감추기 위해 화재
를 크리스천들의 소행으로 몰고 피비린내 나는 숙청을 가해 수천
의 신자들을 죽였다.

당시 사도 요한이 기록은 도미티아누스 황제를 가리키는 것이라 생
각된다. 만약 도미티아누스 황제가 계시록을 통하여 이제부터 나타
나게 될 또 하나의 왕에 대한 기록을 알게 되었다면 엄청난 박해를
가하였을 것이 틀림없다.

그러므로 사도 요한이 이를 깨달을 수 없도록 기록했을 것이다. 그렇지 않았더라면 이 여자가 앉아 있는 일곱 산이 로마를 지칭한다는 것을 도미티아누스 황제도 깨달았을 것이다. 이 모두가 자신을 가리켜 기록된 것이라는 사실을 알았다면 더 가혹한 박해를 가했을 뿐더러 계시록을 모두 태워 남기지 않았을 것이다. 이처럼 도미티아누스가 피에 굶주린 박해자였다는 것은 사실이지만 계시록에서는 그도 흘러 지나가는 악인 중의 하나로 기록되었다.

한편 도미티아누스 황제 시대의 크리스천들은 박해가 끝나고 이 세상의 종말과 그리스도의 재림이 오기를 간절히 사모하였다. 그러나 하나님의 때는 아직 이르지 않았다. 그러므로 이 땅의 모든 크리스천의 사명은 하나님을 사랑하며, 하나님 나라를 위해 고난에 동참하는 것, 그리고 하나님의 나라에서 맛보게 되는 기쁨은 현재의 고난과 감히 비교할 수도 없다는 사실을 굳게 믿는 것이다.

그러나 17장에서 요한이 말하고자 하는 것은 지상 왕국에 관한 일들이 아니다. 오히려 천사가 그에게 보여 준 환상은 타락된 교회 내부의 모습이었다. 교회 역사 속에서 하나님의 교회의 타락의 원인은 외부로부터가 아니라 내부의 상황에 기인하였다. 오히려 하나님의 교회는 외부로부터의 공격을 받으면 강하고 담대한 믿음으로 지켜졌다. 고대 로마 시대에 있어서나 현대의 중국에 있어서도 마찬가지다.

또한, 교회의 최대의 위기는 하나님의 주권을 인위적으로 만들어진 전통 같은 것으로 전환하는 그 순간에서 시작된다. 따라서 바벨론의 음녀란 사람들의 영혼을 올무에 걸리게 하는 거짓된 종교 제도를 뜻한다. 그러므로 이 여자가 누구인가를 알기 위해서는 바벨론의 기원을 조사할 필요가 있다.

바벨론의 기원

성경에서의 바벨론은 혼란의 상징으로 사용되었다. 바벨론, 곧 하나님을 향한 사람들의 반역은 바벨의 땅에서 시작되었고 그 시도는 결국 하늘에 닿도록 탑을 쌓는 것이었다(창세기 11장). 이처럼 오늘날 인류는 세계의 중심지 바벨론에 최대의 커뮤니케이션 센터를 건설하여 우주의 지혜와 능력을 제멋대로 사용하려고 하고 있다.

성경은 인간의 그러한 소행을 바라보신 하나님께서 그 원인은 온 땅의 사람들이 하나의 백성인 것과 하나의 언어를 사용하기 때문에 악한 일을 할 수 있었다는 것을 아시고 초자연적인 능력으로 그 통일성을 파괴하셨다고 기록하였다.

그로 인해 돌연 사람들은 언어가 달라져 버림으로 인하여 커뮤니케이션할 수 없어졌다. 곧 인류 최대의 업적인 인류 통합을 상징하는 바벨탑은 혼란과 무질서로 전락하였다. 그렇다면 이것과 짐승을 탄 음녀와 과연 어떤 관계가 있는 것일까?

그 여자는 교회에 잠입한 혼란과 무질서를 나타낸다. 인간의 죄를 용서하고 하나님과의 바른 관계를 회복시키기 위해서 하나님께서는 아주 간단하고 지극히 단순한 하나의 계획을 만드셨다. 그것은 하나님의 독생자가 죽음을 통하여야 성취되는 그 무엇보다 단순 명쾌한 유일한 방법이었다. 하나님의 독생자 예수 그리스도를 믿으며 하나님의 행하신 일들을 받아들이기만 하면 되는 것이다.

예수 그리스도께서 십자가에서 죽으심으로 성소의 휘장이 둘로 찢어졌다는 것은 그리스도를 통해서 인간이 직접 하나님의 보좌로 나아갈 수 있다는 것을 뜻한다. 인간이 하나님의 보좌로 나아가기 위한 조건은 예수 그리스도 외의 그 어떤 천사, 제사장, 성인 같은 중개자는 전혀 필요가 없다. 이처럼 하나님 앞의 모든 크리스천은 평등하다. 그러므로 하나님의 교회에는 계급이 있을 수 없으며 그 어떤 사람이 특별하게 하나님 가까이에서 많은 은혜를 받는 일 또한 있을 수 없다.

하나님께서는 이처럼 완전한 질서를 세우셨지만 인간 스스로가 많은 혼란을 초래하고 말았다. 예수 그리스도의 사후 수십 년 동안에 교회의 조직은 너무 비대해졌고 시간의 흐름과 함께 점차 관료적으로 되어 갔다.

많은 사람들은 교회 내에서의 자신의 지위를 세우기 위해 서로 다투게 되었으며, 주께 헌신한 사람들은 하나님의 온전한 종이 되는 것보다 권력과 명성을 추구하기 시작하였다. 고급 가운을 걸치고 높은 직함으로 불리며 지역 사회에서 존경을 받는 직함이 되었다.

또한 문명과 문화가 미개한 지역에 복음이 전해지면 그들의 종교적 습관이 교회 내에 유입됨으로써 많은 혼란을 초래하였다. 그래서 교회들은 그들로 복음을 영접하게 하는 수단으로 여러 가지 이교도들의 종교의식을 도입하여 하나님의 단순하신 구원의 복음계획을 왜곡시켜 영혼 구원의 길을 복잡하게 만들어 버렸다.

그러므로 바벨론의 음녀라는 것은, 스스로 하나님의 종이라고 믿고 있다 할지라도 실제로는 그것과는 상당한 거리에 있는 종교 지도자를 뜻한다. 마치 하나님의 아들 예수를 십자가에 못 박은 것처럼, 또한 하나님이 보내신 예언자들을 유대인들이 박해하였던 것처럼 그는 하나님의 사람들을 투옥하며 화형에 처했다.

바벨론의 큰 음녀는 사람들이 그리스도의 죽음을 통한 구원을 믿지 못하도록 여러 가지 종교의식과 자신의 선행을 믿도록 위장한다. 또한, 하나님의 교회에 온갖 미신적 행위를 가지고 들어와서 오직 예수를 향한 믿음으로부터 사람들을 떼어 놓으며 여러 가지 훈장이

나 동상, 그리고 성직자들에게 물질적 투자를 유도한다.

그러므로 오늘날 이단으로 치닫는 교회들은 모두 고대 바벨론 왕국과 영적으로 일치될 뿐만 아니라 바벨론에서부터 시작된 여러 습관들이 재현된다. 예를 들면 고대 바벨론 사람들은 니므롯 혹은 담무스라는 우상을 섬기고 있었다. 창세기 10장 8~12절에 보면 '니므롯은 노아의 증손자로서 능력 있는 사냥꾼이며 지상에서의 최초의 왕'으로 군림하였다. 그는 사람이었으나 하나님처럼 받들어졌다.

그 바벨론 역사 속에서 니므롯은 처녀에게서 난 자였으며, 그가 사냥 중 멧돼지에게 받혀 죽게 되었으나 삼 일 후에 부활한 것으로 전래되었다. 그 후부터 니므롯의 부활을 축하하기 위하여 다산의 상징인 계란에 색을 칠하여 서로 주고받는 풍습도 생겼다.

또한, 번식성이 강한 짐승인 토끼의 조각상도 의식에 사용했었다. 이는 니므롯의 어머니 아스다롯이 번식의 여신으로 섬겨 왔기 때문에 자기 아들의 부활 잔치에 그녀의 이름이 등장한 것이다. 이는 오늘날 우리들의 교회 안에서 행하여지는 부활절과 너무나 흡사하지 않은가?

또한, 바벨론의 미신의식이 교회 안에 유입된 예는 많다. 니므롯이 태어난 때는 12월 25일로, 바벨론에서는 그날 강한 생명력의 상징물인 상록수를 잘라서 거기에 금이나 은색의 장식물을 매달아 꾸미는 풍습이다. 이는 결코 우연의 일치가 아니다. 도대체 어떻게 해서 니므롯의 이야기와 하나님의 아들 예수 그리스도의 탄생이 동일시된 것일까?

사탄은 하나님께서 그의 아들을 통하여 이 세계를 구원하시려는 계획을 가지고 계심을 분명히 알고 있었으므로 그것을 방해하는 음모를 꾸몄다. 물론 니므롯은 부활하지 않았다. 그러나 니므롯의 이야기를 믿게 한다면 사람들은 그리스도만이 하나님의 아들을 통한 구원의 길을 이해하기가 어려워질 것이기 때문이다. 이처럼 사탄은 사기꾼이다.

사탄을 통해 부활절의 토끼상이나 색칠한 계란 등 바벨론의 습관이 들어온 것은 사탄이 하나님의 교회 안에서 이방 종교의식을 통하여 성도들을 속여 결국 이교도의 종교의식과 미신의 포로로 만들려 한 것이다.

이 이야기는 부활절이나 크리스마스의 기쁨을 깨뜨리기 위한 것이 아니라, 우리 스스로가 행하는 일들이 무엇인지도 알지 못한 채, 고대의 이방 종교인 사탄의 행위를 거리낌 없이 교회 내에서 실행하고 있는 것에 대하여 깨우치기 위함이다. 이는 우리가 깨달은 마음으로 교회의 절기를 지킬 때 오직 예수 그리스도에게 초점을 맞추어서 거룩한 날을 주님만을 위해 드려야 한다는 간절한 마음이 있기 때문이다.

한편 짐승을 탄 여자가 참된 그리스도교의 가면을 뒤집어쓴 거짓 종교라는 것은 알았지만 '이전에 있었다가 시방 없으나 장차 나올 짐승'은 과연 무엇일까? 이는 요한이 계시록을 기록하기 전에 로마를 지배했던 다섯 황제 중의 한 사람일 것이다.

사도 요한이 기록하고 있던 때의 황제들은 이미 죽었지만 적그리스도가 나타나는 종말의 때가 되면 또다시 출현하는 것이다. 로마 황제 가운데서 여기에서 묘사된 모습과 가장 흡사한 인물은 네로황제이다. 재미있는 일은 히브리어로 그의 이름을 계산해 보면 666이 되며, 이 미친 사람은 당시 크리스천들에게 있어서는 짐승으로 불렸다는 사실이다.

그의 인생을 살펴보면 그는 완전한 광인이었으며 마귀에 사로잡혔던 자라고밖에는 표현할 말이 없다. 처음 황제의 자리에 앉았을 때는 온전한 인물이었으나, 그를 광인으로 변모케 했던 뭔가가 일어났다. 흥미로운 것은 그의 변화가 사도 바울이 그의 앞에서 설교했던 직후에 일어났다는 것이다. (사도행전 25장 12절에는 사도 바울이 가이사에게 상소하기 위해서 가는 내용이 상세히 기록되었다).

바울은 틀림없이 네로를 교화시키기 위해 설득하였을 것이다. 그러나 네로가 주님을 영접치 아니하고 거부함으로써 회개의 기회를 얻지 못하고 마귀에게 마음의 문을 열어 버린 것이 아닌가 싶다. 그 후 네로는 엄청난 박해를 시작하였고, 수천 명이라는 크리스천들을 죽였다. 그들을 화형에 처하여 그 불빛으로 뜰 안을 밝혔다. 그리고 마차를 타고 불에 타고 있는 사람들 속을 달리기도 했다. 네로는 잠시 사도 바울을 석방했지만, 다시 체포해서 그를 참수하였고, 베드로를 십자가에 거꾸로 달아 죽였다.

네로황제를 노예로 이용한 마귀는 적그리스도 또한 동일하게 이용할 것이다. 네로황제와 마찬가지로 적그리스도 또한 교양 있는 사람으로 세상에 나타나게 되지만 때가 이르면 그 마음속은 피에 굶주리게 될 것이다.

이처럼 사탄은 지구 역사 가운데서 악한 천재들을 이용하여 하나님께 최후의 싸움을 걸어왔다. 하나님께서 그들을 영원토록 저주하셨기 때문에 그들에게는 이제 더 이상 잃어버릴 것은 없다. 그들에게 남겨진 유일한 기회는 하나님의 나라를 붕괴시켜 그들의 암흑의 왕국을 건설하는 것이다. 따라서 그들은 짐승과 함께 권위를 받게 될 열 왕과 손을 잡게 된다.

여기서의 열 왕이란 과연 누구를 가리키는 것일까? 여러 가지 추측을 불러일으키지만, 지금까지 나타난 모든 증거는 유럽공동체(EC)의 열 명의 지도자일 것이라고 단정 짓고 있다. 머지않아 서구제국에는 국경이 사라지고 또한 금융 시스템도 통일되어 최고의 경제력을 쥐게 될 것이다.(이미 이일은 우리 중에서 성취되었다)

아직 세상에서 최강국이 된 것은 아니지만 하나의 국가로 탄생되면서 세계에서 강력한 힘을 발휘할 것이다. 갈수록 유럽 공동체의 힘은 더욱 증대되며 강력한 중앙 집권제 정부로 탄생할 것이다. 그리고 각 국가 중에서 가장 뚜렷한 한 사람을 통치자로 세워 그가 막강한 통치력을 발휘하게 될 것이다. 이 국가 연합은 이미 다니엘 2장의 느부갓네살 왕의 꿈에 나타난 것처럼 철과 진흙, 다시 말해서 강한 나라와 약한 국가의 연합체로 성립되었다.

유럽의 현상과 적그리스도의 대두

오늘날 서구 유럽을 여행하면 그리스도의 시대는 이미 사라지고 유럽 대륙이 적그리스도에 사로잡힌 것이 아닌가 하는 생각을 갖게 된다. 그 이유는 예수 그리스도의 교회는 이미 힘을 잃고 거룩성과 도덕성이 무너졌으며 사람들은 무기력하던가 타락한 모습 중 어느 한쪽으로 치우쳐 있다. 그들의 눈에서는 소망이 없고 삶의 절망으로 가득 찼다.

물론 모든 유럽이 그렇다는 것은 아니지만 종교적인 타락만큼은 분명하다. 그러나 교회가 박해를 받아 왔던 동구 쪽에서는 아직 여기저기에서 부흥의 불꽃을 찾아볼 수 있다. 주를 따르는 것으로 인하여 실직되고 투옥되었던 사람들에게 종교적 자유가 주어졌기 때문이다.

그와 상대적으로 교회에 대하여 조직적인 규제가 없었던 서구에서는 주일이 되어도 교회에 출석하려는 사람이 적어졌다. 특히 젊은 이들은 더욱 무기력하다. 진리를 거부한 그들의 영혼 속은 허망감으로 가득하다. 그러나 적그리스도가 나타나게 되면 그들의 공허함이 채워짐으로 인하여 적그리스도의 목표와 함께 불타오르게 된다. 진리를 거부한 자는 허상을 받아들이게 되기 때문이다. 이와 같은 유럽의 사회현상과 함께 적그리스도는 더욱 힘을 얻게 될 것이다.

짐승과 음녀

17장 16절에서 짐승과 열 왕은 음녀를 미워하여 그녀를 파멸한다고 사도 요한은 증거하였다. 음녀와 짐승과 열 왕은 같은 편이었기 때문에 이것은 좀 이해하기 어려운 내용이다. 전후 사정을 알고 있는 우리는 그들의 목적은 인간을 멸망시키며 하나님으로부터 떠나게 하는 것이 아니었나 생각하지만, 눈에 보이는 세상의 실상은 그렇지 않다.

음녀는 하나님의 계획과 목적에서 멀리 벗어났을지라도, 로마를 본거지로 삼고 세계 중에 자신의 교리를 넓히며 스스로는 자신은 하나님의 종이라고 공공연하게 말할 것이며, 그 때 의 대부분의 교인들은 그의 말을 그대로 믿게 된다. 그러나 적그리스도와 그의 부하들은 그런 환상적 사실과는 상관없이, 자신들은 적그리스도를 따르는 자임을 자인하며 지상의 통치를 위해서라면 무엇이든지 자행하고 기꺼이 적그리스도를 섬길 것이다.

그렇다면 여기에서의 음녀는 로마 카톨릭일까? 음녀가 바벨론의 풍습을 하나님의 교회에 끌어들였던 것처럼 카톨릭 교회도 그와 같이했고, 양자 모두 로마에 본거지를 두고 있음은 매우 유사하다. 그러나 여기에서 적그리스도가 음녀와 거래를 하는 것은 하나님의 참된 교회에 속한 이들이 휴거된 다음이라는 것을 생각할 필요가 있다. 휴거 이후 수백만의 사람들이 하나님을 알게 되겠지만 그들이 모두 그 교회에 속해 있는 것은 아니다. 이미 교회시대는 지나갔고 지상에 남겨진 종교적 조직은 무력한 존재이기 때문이다.

교회사 속에서 볼 때 카톨릭 교회가 하나님을 떠났던 것은 분명한 사실이다. 예를 들면 그들은 천국행 티켓을 받지 않으면 구원을 받을 수 없다고 가르쳤었다. 그러나 성경에서는 주 예수 그리스도만을 통하여 구원된다고 분명히 말하고 있다. 그들은 또한 성자에게 기도를 드리는 것을 가르치고 있지만, 성경에서는 하나님과 사람 사이의 중보자는 오직 예수 그리스도 밖에 없다고 기록되어 있다.

이와 같이 로마 카톨릭 교회에서는 성경의 진리가 아닌 비진리를 가르치므로, 사람들을 하나님께 가까이 나아가게 하기는커녕 하나님과 사람들의 사이에 커다란 벽을 만들고 말았다. 그렇다면 이 시대에 있어서 과연 이러한 풍조가 카톨릭 교회에만 국한된 일이었을까?

아니다. 오늘날의 개신교 내에서도 예수 그리스도를 망각하고 주일 예배에 있어서 예수님의 이름을 전혀 들을 수도 없는 집단들이 있다. 그러나 좀 더 세심하게 살펴보면 많은 교회가 복음의 메시지를 더욱 쉽게 가르친다는 명목으로 자기 자신이 터득한 지식적, 신학적 이념과 사람들의 가르침을 첨가하고 있음을 알 수 있다. 교회, 곧 그리스도의 신부된 교회가 신랑과의 첫사랑을 버리고 있는 것이다.

자기 스스로는 하나님께 충실하게 섬기고 있다고 말하고 있으나, 실제로는 자신과 하나님 사이에 많은 이념적 우상을 세워 두고 있어서 이제는 하나님의 참된 모습조차 가려져 보이지 않을 지경에 이르렀다.

예수께서 일곱교회를 향하여 말씀하셨을 때 그중에 로마 카톨릭을 상징하는 두아디라 교회에 대해서는 그래도 많은 장점을 말씀하셨으나 죽은 개신교를 상징하는 사데 교회에 대해서는 그 어떤 좋은 면도 언급하지 않으셨던 것을 기억해야 할 필요가 있다. 물론 개신교는 교황에게 충성을 맹세하지 않았지만, 그중의 많은 교회들은 여러 가지 면에서 음녀와 연결되어 있다.

물론 오늘날 카톨릭 교회의 내부에서도 개혁 운동이 일어나고 있다. 지금의 카톨릭의 가르침은 성경적이 아니며 자신들이 그리스도의 십자가를 중심으로 하지 않고 있음을 인정하는 자성의 움직임이 있다. 그들은 예수 그리스도를 통해서만 구원을 얻을 수가 있고 그 외의 어떤 조건도 필요치 않다는 것을 이해하고 있다.

지금의 상황에서는 교회가 그러한 개혁의 대부분을 환영하고 있는 것 같지만 장래에는 양극화 현상이 나타나게 된다. 하나님을 사랑하고 하나님을 섬기고자 하는 이들은 개혁파로서 전진해 나갈 것이다. 반면에 그리스도보다도 교회조직 자체를 사랑하는 이들은 전통과 바벨론적인 신비주의를 지켜나가려고 할 것이다.

결국 이 땅의 교회는 최종적으로 둘로 분열되며 한 그룹은 칠년 환난 전 휴거의 때에 들림을 받고 다른 그룹은 남아 있어 적그리스도 체제 속으로 들어 갈 것이다. 그러므로 큰 음녀라는 것은 또 다른 모습의 상징뿐인 교회를 나타내는 것으로, 오늘날 교회의 종파와는 관계없다.

짐승과 열 왕이 이 종교체재인 음녀를 미워하는 이유 중 첫째는 그녀가 그들에게 그리스도의 승리를 상기시키기 때문이다. 그들은 자기가 신이므로 그 어떤 곳이라도 그리스도와 조금이라도 관계가 된 것은 무엇이든 증오하고 말살할 것이다.

둘째 이유는 음녀가 바로 큰 권력을 쥔 그들의 라이벌이기 때문이다. 이처럼 사탄의 세계에서는 동료 간이라 할지라도 치열한 권력 투쟁이 전개된다. 적그리스도와 그의 부하가 음녀를 미워하는 한편 그녀를 이용하기 위해서 서로 동맹을 맺을 것이다.

버가모 교회를 향한 그리스도의 메시지를 기억하고 있는가? 이 교회는 세계의 정치조직과 힘으로 연결되어 국가와의 협정을 맺은 결과 그 권위와 예언의 능력을 상실하였다. 정부 세력의 일부가 되어 버린 그들은 정부의 부정에도 아무런 대항도 하지 못한다. 이와 마찬가지로 적그리스도도 큰 음녀, 즉 '교회'를 향해 손을 뻗어 음녀의 교회를 지지한다는 맹세와 함께 그에게 속한 수천만의 지지자들의 신뢰를 얻고자 할 것이다.

적그리스도는 예루살렘의 성전재건을 추진하여 유대인과 우호 관계를 맺음으로써 세계평화를 도모하고 전 세계 유대인 정치가, 사회 두뇌들과 재력가들을 최대한으로 이용할 것이며 세계 종교 단일체제를 이룬 큰 음녀에게도 마찬가지로 세계교회 내의 주요 인물들을 그의 정부 요직에 앉혀 놓아 교회가 국가 정책의 의사 결정 과정에도 참여하고 있는 것처럼 위장하여 세상 사람들의 이목을 집중할 것이다.

음녀 곧 세계 교회는 적그리스도가 자기 자신들에 대하여 관심을 기울여 주고 있다고 말하고 있지만, 적그리스도는 권력을 노리는 것일 뿐 음녀와의 우호 관계는 자신에게 유리할 때만 지속할 것이다. 그와 같은 일은 예전에도 있었다. 한 예로는 공산주의 혁명이다. 그들이 권력을 장악하려 할 때 종교에 대하여는 많은 관용을 베풀어야 한다고 강조했다.

또 한 예로, 니카라과의 아나시타시오 소모사가 권력에서 물러날 때 많은 신부들과 교회 관계자들이 반란군에 동조하였다. 그러나 일단 산디니스타 정권이 확립되자 종교는 자유를 빼앗기고 신부의 설교 또한 검열을 받아야 했고, 교회는 정부의 이익이 되는 범위 안에서 활동이 제한되었다. 이러한 일이 적그리스도의 시대에도 일어나게 된다. 적그리스도는 최대한으로 교회를 이용한 후 공산주의자들과 비교도 되지 않을 만큼의 엄청난 박해를 가하기 시작할 것이다.

[계시록 17:16]
이 열 뿔과 짐승이 음녀를 미워하며 망하게 하고 벌거벗게 하고 그 살을 먹고 불로 아주 사르리라"[계시록 17:16]

이는 불순종한 신부(교회)에 대한 하나님의 심판이 내려지는 것이며 영적 바벨론은 붕괴하게 된다.

붕괴되는 둘째 바벨론

18장에서는 하나님의 심판 전에 멸망해야 하는 또 하나의 경제 바벨론에 대하여 다루고 있다. 첫 부분을 보면 큰 권세를 지닌 한 천사가 하늘에서 내려와 외치는 모습을 그리고 있다.

[계시록 18:2-3]
2 힘센 음성으로 외쳐 가로되 무너졌도다 무너졌도다 큰 성 바벨론이여 귀신의 처소와 각종 더러운 영의 모이는 곳과 각종 더럽고 가증한 새의 모이는 곳이 되었도다.
3 그 음행의 진노의 포도주를 인하여 만국이 무너졌으며 또 땅의 왕들이 그로 더불어 음행하였으며 땅의 상고들도 그 사치의 세력을 인하여 치부하였도다 하더라.

그리고 또 한 음성이 하나님의 백성들을 부른다.

[계시록 18:4-5]
4 또 내가 들으니 하늘로서 다른 음성이 나서 가로되 내 백성아. 거

기서 나와 그의 죄에 참예하지 말고 그의 받을 재앙들을 받지 말라.
5 그 죄는 하늘에 사무쳤으며 하나님은 그의 불의한 일을 기억하신
지라

계속해서 8절에는 '그가 또한 불에 살라지리니 그를 심판하신 주 하
나님은 강하신 자라'고 기록되었다. 그리고 그와 음행하였던 땅의
왕들은 멀리 서서 그녀가 태워지는 것을 보고 부르짖는다.

[계시록 18:10]
그 고난을 무서워하여 멀리 서서 가로되 화 있도다 화 있도다 큰 성,
견고한 성 바벨론이여 일시간에 네 심판이 이르렀다 하리로다"(계
18:10)

다음에 등장하는 '땅의 상고'란 과연 무엇이며, 무엇을 의미하고 있
는 것일까? 어쩌면 여기에서의 새로운 바벨론이란 중동의 풍요로
운 산유국을 말하는 것일지도 모른다.

과거 20여 년간 세계경제는 크게 변화하였고 중동의 각국은 눈에
띄게 풍요로워졌다. 1973년의 석유 위기 때는 각 주유소 앞에 이
삼십 대의 차량이 밤을 세며 기다린 후에야 겨우 가솔린을 넣을 수
있었다.

가솔린 값은 급등하였는데 공급 부족 상태는 그다지 오래 지속되
지 않았다. 그러나 한번 오른 가격은 다시 내리지 않았다. 산유국
들은 세계 각국이 석유에 의지할 수밖에 없다는 사실을 알고 이용
한 것이다. 물론 각 선진국에서 대체에너지 개발에 관한 협의가 이
루어지고는 있지만, 쉽게 현실화되지 않으리라는 것을 그들은 잘
알고 있었다.

이와 같은 그들의 판단이 빗나가지 않자, 그들은 재빠르게 자유경

쟁의 경영 체재를 만들고 수요와 공급의 균형에 의해 값을 책정했다. 그때로부터 석유 가격은 그들의 입맛에 따라 오르락내리락하게 되었다.

또한 중동의 산유국 기업가들은 언젠가 고갈될 석유만을 믿다가는 부를 누릴 수 없게 될 것을 깨닫고 돈이 될 만한 모든 사업에 투자하여 보다 깊게 세계 경제에 손을 대기 시작했다. 아랍의 사업가들은 미국 내의 호텔, 백화점, 유원지, 부동산, 은행 등을 닥치는 대로 매입하였다. 제2차 세계대전 이후 일본이 놀라운 경제부흥을 이룩하여 세계 경제에서 큰 힘을 행사할 수 있게 되었으나, 그 후에는 중동 산유국들이 세계 경제를 주도하게 되었다.

그러므로 여기서 말하는 새 바벨론은 영적인 것이라기보다는 물질적인 인간의 욕망에서 나온 상징물이다. 그러므로 바벨론이 어느 나라를 가리키는가에 대하여는 학자마다 의견이 분분하지만, 한순간에 붕괴한다는 것만은 분명한 사실이다.

그러면 하나님은 왜 새 바벨론을 심판하는 것일까? 그것은 새 바벨론이 경제력을 행사하여 많은 사람들을 하나님으로부터 떠나게 하여 인간의 생각대로 조종하게 되기 때문이다. 예를 들어 중동의 바벨론이 석유를 이용하여 다른 나라들을 반이스라엘 국가로 도모하고 있는 것과 같다.

이스라엘과 우호관계를 맺은 나라들에 대하여서는 석유를 구입할 수 없도록 해 버리면 이스라엘은 고립되고 만다. 결국, 새 바벨론은 아마겟돈 전쟁에 참가하는 병력을 파견하게 하여 '동쪽 나라 왕들'로 하여금 이스라엘 침략에 가담하도록 하게 할 것이다.

또한 이 새로운 경제 대국에도 적그리스도의 세력이 장악하여 많은 선교사들이 투옥되며 죽임을 당할 것을 예상할 수가 있다. 이집

트와 같은 나라는 이슬람교도가 기독교로 개종하면 사형에 처한다. 그리스에서는 선교사 두 사람과 그리스 목사 한 사람이 16세 소년에게 성경을 건네준 것으로 인하여 유죄 판결을 받았다.

그러나 결코 하나님께서는 이러한 적그리스도적인 행동을 계속 용납지 않으신다. 하늘에서 울린 그의 음성과 같이, 예를 들어 전면적인 핵전쟁으로 인하여 순식간에 바벨론이 멸망될 가능성도 있다. 그것은 음녀와 관계를 맺었던 사람들, 다시 말하여 바벨론의 불타는 모습을 멀리서 바라본다는 구절을 통해서도 이해가 된다.

그 여자에게 너무 가까이 다가서다 보면 그들의 목숨조차도 위험을 당하게 되므로 그들은 멀리 서서 바라보고만 있는 것은 아닐까? 또한 그들은 핵무기의 투하에 관한 공포심을 가지고 있었는지 모른다.

[계시록 18:21-24]
21 이에 한 힘센 천사가 큰 맷돌 같은 돌을 들어 바다에 던져 가로되 큰 성 바벨론이 이같이 몹시 떨어져 결코 다시 보이지 아니하리로다
22 또 거문고 타는 자와 풍류하는 자와 퉁소 부는 자와 나팔 부는 자들의 소리가 결코 다시 네 가운데서 들리지 아니하고 물론 어떠한 세공업자든지 결코 다시 네 가운데서 보이지 아니하고, 또 맷돌 소리가 결코 다시 네 가운데서 들리지 아니하고
23 등불 빛이 결코 다시 네 가운데서 비취지 아니하고, 신랑과 신부의 음성이 결코 다시 네 가운데서 들리지 아니하리로다. 너의 상고들은 땅의 왕족들이라. 네 복술을 인하여 만국이 미혹되었도다.
24 선지자들과 성도들과 및 땅 위에서 죽임을 당한 모든 자의 피가 이 성 중에서 보였느니라 하더라.

특별히 23절에서 한 천사가 외친 '네 복술을 인하여 만국이 미혹 되

었도다'라는 말은 매우 흥미롭다. 이 구절을 통해 보면 바벨론이 세계적 활동을 전개하였음을 생각하게 한다.

산유국들이 자국의 이미지를 높이기 위하여 전 세계에서 광고하고 있다. 광고와 이미지 전문가에 의해 새 바벨론은 전 세계인이 갈망하는 대상으로 승격하게 된다. 그러나 하나님은 이 새 바벨론을 붕괴시키신다. 그 짧은 영화의 기간 동안 그녀는 하나님을 반역하는 모든 일을 지지하고 있었기 때문에, 그녀가 붕괴하자 하늘에서 환성이 퍼지는 것은 당연하다.

[계시록 19:1-2]
1 이 일 후에 내가 들으니 하늘에 허다한 무리의 큰 음성 같은 것이 있어 가로되 할렐루야 구원과 영광과 능력이 우리 하나님께 있도다.
2 그의 심판은 참되고 의로운지라 음행으로 땅을 더럽게 한 큰 음녀를 심판하사 자기 종들의 피를 그의 손에 갚으셨도다 하고

이리하여 하나님께서는 영적으로 많은 사람들을 타락시킨 허위 종교체재와 재물의 힘으로 하나님께 반역하며 세계 만민의 눈을 미혹했던 경제 대국 바벨론을 심판하신다. 그리고 드디어 반역의 역사를 거듭하였던 지구에 최후의 막이 내려지고 있다.

내가 이 두루마리의 예언의 말씀을 듣는 모든 사람에게 증언하노니
만일 누구든지 이것들 외에 더하면 하나님이 이 두루마리에
기록된 재앙들을 그에게 더하실 것이요
만일 누구든지 이 두루마리의 예언의 말씀에서 제하여 버리면
하나님이 이 두루마리에 기록된 생명나무와 및
거룩한 성에 참여함을 제하여 버리시리라
이것들을 증언하신 이가 이르시되
내가 진실로 속히 오리라 하시거늘 아멘 주 예수여 오시옵소서
주 예수의 은혜가 모든 자들에게 있을지어다 아멘

(계 22:18-21)

제10장

최후의 전쟁
계시록 19장 -20장10절

지상에 전개되는 광경은 그야말로 무질서와 혼돈이다. 바벨론은 회복 불가능의 상태로 파괴되고, 적그리스도의 권좌 또한 흔들리며, 그의 지배에 대한 의구심을 품는 목소리가 점점 높아져 간다. 이러한 변화를 추구하는 세력으로 인하여 자기 위치에 불안을 느낀 적그리스도는 더욱 혹독한 박해를 시작한다.

한편 하늘에서 전개되는 광경은 환희와 승리의 축제이다. 참되고 의로우신 하나님의 심판이오래 동안 참으신 형벌이 쏟아지는 것이다. 또 이 기쁨은 어린 양의 혼인 잔치가 가까워져 왔음을 천사들이 알고 있기 때문에 나타나는 것이다.

예수 그리스도가 신부, 곧 교회와 결합되는 때가 드디어 찾아왔다. 그것은 오랫동안 모든 피조물들이 갈망하던 순간이다. 천년왕국의 막이 오르려는 순간이다. 신부에게는 '빛나고 깨끗한 세마포'가 허락되었다. 이는 신부가 그리스도의 앞에서 의로운 자로서 서게 됨을 의미한다. 이 신부 곧 성도들은 자기 자신의 행실이 아닌 예수 그리스도를 향한 믿음으로 인하여 의롭다 칭함을 받았다. 이때 천사가 알려 주는 말에 압도 되어 버린 사도 요한은 이성을 잃고 그에게 무릎을 꿇고 경배하려 한다. 이 때 천사는 다음과 같이 말하였다.

[계시록 19:10]
내가 그 발 앞에 엎드려 경배하려 하니 그가 나더러 말하기를 나는 너와 빛 예수의 증거를 받은 네 형제들과 같이 된 종이니 삼가 그리하지 말고 오직 하나님께 경배하라. 예수의 증거는 대언의 영이라 하더라"[계시록 19:10]

우리는 가끔 하나님을 경배하지 않고 하나님께서 성도들을 위해 쓰셨던 목사들을 경배할 때가 있다. 또한 주의 종이라는 사람들 중에 하나님보다는 자신에게 관심을 쏟게 하는 경우도 있다. 또한 어떤 사람들은 은사를 주신 이보다도 나타난 은사를 강조함으로써 특별한 은사를 열심히 구하는 반면 하나님은 구하지 않는 사람들도 있다. 이와 같이 인간은 수천 년 동안이나 실수를 거듭해 왔다. 사람들은 하나님의 능력을 보아도 그 나타난 표적에만 마음이 쏠려 하나님을 보려고 하지 않는다.

여기서 '예수의 증거는 대언의 영이라'라는 천사의 말은 무엇을 의미하고 있을까? 이는 바로 성경의 모든 예언이 예수 그리스도를 의미하고 있다는 뜻이다. 이와 같이 구약의 모든 예언은 그리스도의 오심을 증거하고 있다.

예수 그리스도가 죽은 후 다시 부활하셨다는 증거는 그리스도야말로 유일한 구원의 길이며, 예수 그리스도가 재림하신다는 것을 나타낸다. 이것이 사람들을 구원하게 하는 복음의 증거이다.
어떤 사람들은 예언을 점쟁이들의 말과 같이 생각하는 사람들이 있지만, 이는 아주 잘못된 생각이다. 하나님은 당신이 어디에 투자해야 하는가 또는 누구와 결혼해야 하는가와 같은 것들보다, 당신의 초점이 예수 그리스도에게 맞춰져 있기를 원하신다. 따라서 점치는 것과 예언을 잘못 혼동하고 있는 교회는 하나님의 뜻하시는 바로부터 이탈하여 바벨론 교회의 방향으로 치닫고 있는 것이다.

하늘의 군대

하나님께서는 사탄을 추종하던 자들에게도 하나님께 돌아올 모든 기회를 부여하셨다. 그러나 하나님의 인내의 시간도 끝이 난다. 이제 드디어 마지막 결전의 순간이 찾아왔다.

사도 요한이 하늘을 쳐다보자 그곳에는 너무나도 엄청난 광경이 전개되고 있었다. 눈부신 백마에 올라탄 만왕의 왕이 나타나며 그 뒤로는 흰옷을 입고 백마를 탄 하늘의 군대들이 따르고 있었다. 이 군대는 천사장의 나팔소리와 함께 휴거 된 교회와 모든 성도들이다. 그러므로 우리 크리스천들이 하나님의 군대 숫자에 포함된다는 사실은 놀라운 큰 영광이다. 사도 요한은 그 상황을 다음과 같이 묘사하고 있다.

[계시록 19:11-16]
11 또 내가 하늘이 열린 것을 보니 보라 백마와 탄 자가 있으니 그 이름은 충실과 진실이라. 그가 공의로 심판하며 싸우더라.
12 그 눈이 불꽃 같고 그 머리에 많은 면류관이 있고 또 이름 쓴 것이 하나가 있으니 자기밖에는 아는 자가 없고
13 또 그가 피 뿌린 옷을 입었는데 그 이름은 하나님의 말씀이라 칭하더라.
14 하늘에 있는 군대들이 희고 깨끗한 세마포를 입고 백마를 타고 그를 따르더라.
15 그의 입에서 예리한 검이 나오니 그것으로 만국을 치겠고, 친히 저희를 철장으로 다스리며 또 친히 하나님 곧 전능하신 이의 맹렬한 진노의 포도주를 밟겠고,
16 그 옷과 그 다리에 이름 쓴 것이 있으니 만왕의 왕이요 만주의 주라 하였더라.

요한복음은 다음과 같은 말씀으로 시작되고 있다:

[요한복음 1:1-3]

1 태초에 말씀이 계시니라. 이 말씀이 하나님과 함께 계셨으니 이 말씀은 곧 하나님이시니라.

2 그가 태초에 하나님과 함께 계셨고

3 만물이 그로 말미암아 지은 바 되었으니, 지은 것이 하나도 그가 없이는 된 것이 없느니라.

사도 요한은 그가 본 바 대로 그리스도를 하나님의 말씀으로 이해하고 있기 때문에 계시록에 있어서도 그와 같이 표현한 것이다. 또한 예수 그리스도에 대하여 '또 이름 쓴 것이 하나가 있으니 자기밖에 아는 자가 없고'라는 표현은 인간으로서는 도저히 예수 그리스도의 본성을 알 수 없다는 것을 뜻한다.

지금까지 그리스도의 인성과 신성에 관하여 많은 논의가 있었으나 결국 예수 그리스도는 온전한 사람이며 온전한 하나님이시기 때문에 우리의 믿음으로만 이것을 받아들일 수 있다. 그러므로 어떻게 해서 그런 일이 있을 수 있겠나 하는 것은 그리스도 자신 외에는 알 수가 없다.

그리스도의 옷이 피로 물들여져 있다는 것은 죽임당한 원수들의 피를 나타내는 것이며 십자가의 피가 아니다. 이와 마찬가지 내용의 구절이 이사야서도 기록되었다.

[이사야 63:1-4]

1 에돔에서 오며 홍의를 입고 보스라에서 오는 자가 누구뇨? 그 화려한 의복, 큰 능력으로 걷는 자가 누구뇨? 그는 내니 의를 말하는 자요 구원하기에 능한 자니라.

2 어찌하여 네 의복이 붉으며 네 옷이 포도즙 틀을 밟는 자 같으뇨?

3 만민 중에 나와 함께한 자가 없이 내가 홀로 포도즙 틀을 밟았는데, 내가 노함을 인하여 무리를 밟았고 분함을 인하여 짓밟았으므로 그

들의 선혈이 내 옷에 튀어 내 의복을 다 더럽혔음이니,
4 이는 내 원수 갚는 날이 내 마음에 있고 내 구속할 해가 왔으나

옛날에는 포도주를 만들 때 추수한 포도송이를 포도즙 틀에 넣어
서 그것을 발로 밟았다. 그때 그 일에 참여한 사람들의 옷이 어떠할
까 상상해 보라. 이처럼 하나님의 원수들이 포도송이와 같이 짓밟
히리라는 표현은 두 번째 언급되고 있다. 이는 그가 완전히 멸망하
게 되는 것을 뜻한다.

한편 적그리스도의 군대는 그리스도의 재림을 저지하기 위하여 모
여들지만 승리하지 못한다. 그들은 포도송이처럼 짓밟힐 뿐이다.
세계 각 지역으로부터 최신 무기로 무장한 수백만의 군대들이 중동
으로 모이게 된다. 우리는 적그리스도를 추종하는 국가들의 펄럭이
는 국기를 상상하며 하나 된 세계국가를 그려 볼 수 있다.

적그리스도의 군사 중에는 적그리스도의 실체를 알면서 충성하는
자도 있지만, 그저 명령에 따르고 있는 자들도 많을 것이다. 어찌
되었든 간에 그들이 하나님을 거부하고 '새로운 거짓 하나님'을 선
택했다는 사실은 틀림없다.

그들은 적그리스도에게 거역하는 자들을 멸하기 위해서 온갖 수단
과 방법을 가리지 않지만, 하나님의 군대 앞에서 인간의 힘은 갈대
처럼 여지없이 꺾여 버린다.

[계시록 19:17-18]
17 또 내가 보니 한 천사가 해에 서서 공중에 나는 모든 새를 향하여
   큰 음성으로 외쳐 가로되 와서 하나님의 큰 잔치에 모여
18 왕들의 고기와 장군들의 고기와 장사들의 고기와 말들과 그 탄 자
   들의 고기와 자유한 자들이나 종들이나 무론대소하고 모든 자의 고
   기를 먹으라 하더라.

바로 여기에서 시편 2편에 있는 다윗의 예언이 성취되고 있다.

[시편 2:1-5]
1 어찌하여 열방이 분노하며 민족들이 허사를 경영하는고
2 세상의 군왕들이 나서며 관원들이 서로 꾀하여 여호와와 그 기름
  받은 자를 대적하며
3 우리가 그 맨 것을 끊고 그 결박을 벗어 버리자 하도다.
4 하늘에 계신 자가 웃으심이여. 주께서 저희를 비웃으시리로다.
5 그 때에 분을 발하며 진노하사 저희를 놀래어 이르시기를

우리는 하나님께 대적하려는 생각 자체가 어리석은 것이라고 생각
하지만, 오늘날 이 세계 에는 하나님을 대적하는 사람들이 너무 많
다. 또한 우리도 하나님께서 원하시는 바를 알고 있으면서도 그것
을 거절할 때가 많다. 예를 들어 그리스도를 믿는 믿음으로만이 천
국에 갈 수 있다고 성경은 말하지만, 사람들은 자신은 선한 사람이
기 때문에 그리스도를 구세주로 받아들이지 않는다고 할지라도 하
나님께서 자신을 벌할 리는 없을 거라고 생각하는 사람들도 있다.

이는 하나님께서 당신에게 원하시는 바를 알고 있으면서도 행치 아
니하는 것은 하나님께서 당신의 인생의 주인이 아니라는 것과 같
다. 또한 설사 예수 그리스도가 자신의 주가 되심을 입으로 고백한
다고 할지라도 하나님의 뜻을 이행하지 않는다면 그것은 더욱더 허
망한 일이다. 주님은 이미 이렇게 말씀하셨다.

[마태복음 7:21]
나더러 주여 주여 하는 자마다 천국에 다 들어갈 것이 아니요, 다만
하늘에 계신 내 아버지의 뜻대로 행하는 자라야 들어가리라

또한, 사람들은 휴머니즘이라는 핑계로 더욱 적극적으로 하나님을
외면하며, 사회 구조의 모든 면에서 하나님을 배척하고 있다. 하나

님을 향한 믿음이 미국의 역사 가운데서 놀라운 업적을 수행했음에도 불구하고 미국은 하나님의 이름을 교과서로부터, 그리고 크리스마스의 연극으로부터 없애기 위하여 하나님과 하나님을 믿는 사람들을 조롱하는 쇼 프로그램과 영화를 제작한다. 하나님께서 이런 일들에 대하여 지금까지는 인내하셨지만, 그분의 인내가 영원까지 계속될 수는 없다.

사로잡힌 짐승

[계시록 19:19-20]
19 또 내가 보매 그 짐승과 땅의 임금들과 그 군대들이 모여 그 말 탄 자와 그의 군대로 더불어 전쟁을 일으키다가
20 짐승이 잡히고 그 앞에서 이적을 행하던 거짓 선지자도 함께 잡혔으니, 이는 짐승의 표를 받고 그의 우상에게 경배하던 자들을 이적으로 미혹하던 자라. 이 둘이 산 채로 유황불 붙는 못에 던지우고

지상의 모든 군대들이 모여 큰 전쟁이 일어날 것이라는 예상과는 달리 그리스도께서 짐승과 그의 수제자들을 순식간에 사로잡아 버린다. 바로 여기에서 바울의 말이 성취된다.

[데살로니가후서 2:8]
그 때에 불법한 자가 나타나리니, 주 예수께서 그 입의 기운으로 저를 죽이시고 강림하여 나타나심으로 폐하시리라

주님의 말씀에는 위대한 능력이 있다. 결국 주의 말씀으로 이 둘은 게헨나라고 불리는 유황 못에 던져진다. 그곳은 하나님을 믿지 않고 죽은 자들과 사탄과 그의 부하들이 들어가는 곳으로, 짐승과 거짓 선지자들이 최초의 수감자가 되는 것이다. 이미 예수님은 불신자들이 바깥 어두움에서 슬피 울며 이를 갈게 되는 곳을 언급하셨

다(마 25:30; 눅 13:25-28).

적그리스도를 지지했던 자들에 대해서는 '말 탄 자의 입으로 나오는 검에 죽으매 모든 새가 그 고기로 배불리우더라'고 사도 요한은 기록하였다. 여기서 그리스도의 입에서 나오는 검이라는 것은 '하나님의 말씀'이다.

창세기 1장에서 우주의 모든 형상과 존재들이 하나님의 입에서 나오는 말씀으로 이루어졌다고 기록되었다. 하나님께서는 '빛이 있으라' 하시니 빛이 있었다(창세기 1:3). 이와 같이 하나님의 말씀이신 그리스도께서 입을 열어 하나님의 대적을 완전히 전멸시킨다. 지상의 군대는 모든 전력을 다하여 하나님을 대적하려고 하지만 싸워보지도 못하고 한 시간에 완전히 멸망한다.

평화의 천년왕국

최후의 전쟁은 전쟁이라고 할 수 없는 상황에서 종결된다. 사도 요한은 다음과 같이 기록하였다.

[계시록 20:1-3]
1 또 내가 보매 천사가 무저갱 열쇠와 큰 쇠사슬을 그 손에 가지고 하늘로서 내려와서
2 용을 잡으니 곧 옛 뱀이요 마귀요 사단이라. 잡아 일천 년 동안 결박하여
3 무저갱에 던져 잠그고 그 위에 인봉하여 천 년이 차도록 다시는 만국을 미혹하지 못하게 하였다가 그 후에는 반드시 잠깐 놓이리라

앞서 다섯 번째 나팔이 울려 퍼질 때는 하나님의 심판이 내려지는 순간, 한 별이 무저갱의 열쇠를 받아서 무저갱을 열고 사탄의 영들

이 풀려 나온다. 그러나 이번에는 그와는 반대의 사건이다. 그들은 하나님께 반역하여 온갖 수단과 방법을 다 사용하지만, 모두가 실패로 끝나 버린다. 마귀와 사탄은 십자가에 달려 죽으신 예수 그리스도를 보고 인간을 구하시려는 하나님의 계획을 무산시켜 버렸다고 생각했지만, 그리스도의 죽음은 패배가 아니라 인류를 죄로부터 구원하시기 위한 위대한 승리였다.

하늘이 항상 푸르지만은 않고, 바다가 항상 잔잔치만은 아니하듯이, 우리 인생에서도 사탄의 유혹과 고통, 괴로울 때가 있다. 그러나 우리가 하나님을 믿으면 그 어떤 상황과 최악의 사태까지도 우리에게 유익하고 승리의 길을 만드신다.

[로마서 8:28]
우리가 알거니와 하나님을 사랑하는 자 곧 그 뜻대로 부르심을 입은 자들에게는 모든 것이 합력하여 선을 이루느니라

TV나 신문 등의 매스컴을 통하여 참혹한 사건을 접할 때마다 도대체 하나님은 언제까지 이러한 악들을 방치하시는 것일까 하는 생각이 들 때가 있다. 그러나 하나님과 인간 사이의 법을 짓밟아 버린 자들은 자신들의 죄에 대한 형벌을 받지 않으리라 생각하지만, 하나님께서는 적그리스도와 그의 부하들에게 행하셨던 것처럼 그들에게도 심판하신다.

[계시록 20:4-6]
4 또 내가 보좌들을 보니 거기 앉은 자들이 있어 심판하는 권세를 받았더라. 또 내가 보니 예수의 증거와 하나님의 말씀을 인하여 목 베임을 받은 자의 영혼들과 또 짐승과 그의 우상에게 경배하지도 아니하고 이마와 손에 그의 표를 받지도 아니한 자들이 살아서 그리스도로 더불어 천 년 동안 왕 노릇 하니
5 (그 나머지 죽은 자들은 그 천 년이 차기까지 살지 못하더라) 이는

첫째 부활이라

6 이 첫째 부활에 참예하는 자들은 복이 있고 거룩하도다 둘째 사망
이 그들을 다스리는 권세가 없고 도리어 그들이 하나님과 그리스
도의 제사장이 되어 천 년 동안 그리스도로 더불어 왕 노릇 하리라

수천 년간의 혼란이 끝난 다음, 이 지상에는 평화의 시대가 도래한
다. 예수 그리스도께서 하늘의 보좌를 떠나 하나님의 도성 예루살
렘에서 왕으로 군림하신다. 과거 예수님이 지상 선교를 하실 때 그
리스도를 거부했던 사람들은 기뻐하며 그리스도를 맞이하게 된다.

"십자가에 죽여라!"라고 외치던 함성과는 달리 선지자 스가랴의 예
언이 이루어진다.

[스가랴 12:10]
내가 다윗의 집과 예루살렘 거민에게 은총과 간구하는 심령을 부어
주리니, 그들이 그 찌른바 그를 바라보고 그를 위하여 애통하기를 독
자를 위하여 애통하듯 하며 그를 위하여 통곡하기를 장자를 위하여
통곡하듯 하리로다

이때가 되면 예수 그리스도께서 메시아 되심이 명백하게 드러나며,
예루살렘에 있던 유대인들은 그동안 참 진리를 거부해 왔던 사실을
깨닫고 눈물을 흘리게 된다. 그러나 결코 유대인들이 예수를 믿음
으로 인하여 적그리스도를 대항한 것은 아니다.

적그리스도가 하나님의 성읍에 옮겨와 살면서 자기 자신을 하나님
이라고 선언했던 모독적인 행위로 인하여 그를 거절하였던 것이다.
그러나 이제 예수님께서 거룩한 성으로 돌아오는 것을 본 그들은
무릎을 꿇고 예수님을 자신들의 구세주로서 인정하게 된다. 이것이
바로 천년왕국의 도래다.

예수께서 하나님의 도성 예루살렘에 오시자 그리스도의 교회는 예수님과 함께 각 보좌에 앉게 된다. 그들은 하나님을 섬기기 위해 자신들의 목숨까지도 아끼지 아니하였던 이들로서 천년왕국에서 예수님과 함께 영원한 왕국을 통치하게 된다. 열두 사도들이 높은 보좌에 앉게 되는 것은 틀림없는 사실이지만, 연약하고 이름도 알려지지 아니했던 크리스천에게도 높은 보좌가 주어지게 되는 것이다.

시련과 박해 가운데서도 굳건하게 믿음을 보전한 그리스도의 성도들은 이때가 되어서야 그 보답을 받게 된다. 어쩌면 나와 당신에게까지도 한 나라의 대통령이나 도지사, 시장과 같은 보직이 주어질지도 모른다. 그때에도 세상에는 많은 직책이 필요하며 그 모든 자라에는 예수 그리스도에게 충성했던 사람들에게 주어진다.

천년왕국의 기간에는 전쟁은 물론 범죄도 없는 인류 사상 최고의 평화의 시대가 될 것이다. 모든 천국 백성들은 영원한 그리스도의 나라에 대한 소망을 갖게 되고, 이기적인 야망을 꿈꾸는 일은 없어진다. 천년왕국에서는 예수 그리스도께서 친히 이 세계를 다스리시며 모든 사람들이 그리스도를 보게 될 것이다.

"만약에 하나님의 목소리를 들을 수 있든지 아니면 그 모습이라도 볼 수만 있다면 하나님을 믿을 수 있을 텐데."라고 하는 사람들이 있다. 이 천년왕국 시대에는 하나님에 대하여 의심을 품을 이유가 없다. 왜냐하면, 이 시기에는 그리스도가 물리적으로 지구에 살아 계시기 때문이다.

이 땅의 모든 사람들이 세계를 다스리는 예수님의 얼굴을 볼 수 있는 것이다. "클린턴이 선포한 말을 믿기 위해서는 그가 대통령의 위치에 있음을 확신해야 할 필요가 있다."고 말할 사람은 아무도 없는 것처럼, 이 시대에는 그리스도가 하나님의 아들인 사실을 의심하는 사람은 아무도 없게 된다.

그러나 이 땅의 모든 사람이 행복하다는 것은 아니다. 시간이 지남에 따라서 그리스도의 통치에 저항하려는 사람들이 나타나게 된다. 예수께서 재림하시기 이전의 파괴와 폭력에 가득 찬 세상을 알지 못하는 천년왕국의 새로운 세대 사람들 속에서 예수 그리스도의 지배에 분노를 느껴 더욱더 변혁적이고 특별한 통치자를 찾게 될 것이다.

우리는 이 시대에는 사탄이 존재하지 않는 천년왕국이므로 지상에 사는 사람들도 상당히 신실한 사람들만 있으리라고 생각하고 있었지만, 절대로 그렇지만은 않을 것이다. 왜냐하면, 그곳은 어디까지나 영원한 하늘의 천국이 아닌 지상 세계에 불과하며 지상의 사람들 또한 인간의 성질을 소유하고 있기 때문이다.

또한, 사람이 악을 행하기 위해서는 반드시 사탄의 유혹을 받아야만 하는 것은 아니다. 우리들의 마음속에는 이미 많은 죄성을 가지고 있기 때문이다. 사탄의 탓으로 돌려 버리는 악한 것들 중에는 실제로는 사탄이 전혀 관계치 아니한 것도 꽤 있다. 비록 예수 그리스도의 통치하의 천년왕국에 살고 있다 할지라도 부정한 일을 저지른다든지 거짓말을 한다든지 다른 사람의 아내를 유혹하는 등의 일은 계속될 것이다. 그것은 사탄의 유혹이 아닌 인간의 본성의 행위이다.

그러므로 이러한 모든 문제가 이제부터 일어나게 될 심판으로부터 피할 수 있게 된다는 것은 아니다. 천년왕국의 지상에 사는 대부분의 사람들이 행복하게 살게 되지만 그 가운데는 예수님의 통치를 미워하는 자들이 있다는 사실을 놓쳐서는 안 된다. 그들은 사탄이 다시 한번 나타나기를 기다리고 있고 그 일은 현실이 된다.

사탄의 마지막 절규

[계시록 20:7-9]

7 천년이 차매 사단이 그 옥에서 놓여

8 나와서 땅의 사방 백성 곧 곡과 마곡을 미혹하고 모아 싸움을 붙이리니 그 수가 바다 모래 같으리라.

9 저희가 지면에 널리 퍼져 성도들의 진과 사랑하시는 성을 두르매 하늘에서 불이 내려와 저희를 소멸하고

천년이 지난 후 또다시 사탄이 잠시 출현하게 된다. 사탄은 자신의 힘으로써 이 지상에 나온 것이 아니라 사탄이 잠시 놓임을 받을 것이라고 성경은 기록하였다. 다시 말하여 하나님께서 이 지상에 대하여 가지고 있는 마지막 계획을 성취하기 위하여 그것을 허락하셨다는 것이다.

놀라운 일이기는 하지만 그때 수천, 수만 명의 사람이 사탄을 선택하게 된다. 곡과 마곡이라는 세력이 예수 그리스도의 통치에 대하여 대적한다. 그것이 어떤 내용인지 성경은 침묵하고 있지만, 하나님께서 그 일이 일어날 것을 기록하셨으므로 우리는 그렇게 믿을 수밖에 없다. 여기서 거룩한 성 예루살렘은 다시 한번 사탄의 세력에 포위되어 사탄이 승리한 것처럼 보이지만 돌연 붕괴 사태가 일어난다.

[계시록 20:9-10]

9 저희가 지면에 널리 퍼져 성도들의 진과 사랑하시는 성을 두르매 하늘에서 불이 내려와 저희를 소멸하고

10 또 저희를 미혹하는 마귀가 불과 유황 못에 던지우니 거기는 그 짐승과 거짓 선지자도 있어 세세토록 밤낮 괴로움을 받으리라.

이것으로 드디어 악의 세력은 이 지구상에서 영원히 멸망한다. 이

우주 전체가 정결하여지고 모든 인간은 두 번 다시 원죄의 문제로 인하여 괴로워야 할 필요가 없어진다. 우주 전체가 해방되어 우리가 알고 있는 이 세상은 용해되어 버리고 만다.

하늘에서 불이 내려와 사탄과 그의 군대가 소멸되어 버릴 때가 되면 실제로 어떤 상황이 전개될 것인가에 대하여 성경은 명확하게 기록하지 않았지만, 인류가 살던 지구는 이제 더 이상 존재치 않는다. 베드로 사도는 이날에 관한 모습을 다음과 같이 묘사하고 있다.

[베드로후서 3:10]
그러나 주의 날이 도적같이 오리니, 그날에는 하늘이 큰 소리로 떠나가고 체질이 뜨거운 불에 풀어지고 땅과 그중에 있는 모든 일이 드러나리로다

곧, 지구와 그 안의 모든 것이 불타 버리고 마는 것이다. 지구는 더 이상 존재치 않으며 시간도 사라지고 영원한 시간이 시작되는 것이다.

제11장

새로운 세상
계시록 20장 11절-22장

[계시록 20:11-13]

11 또 내가 크고 흰 보좌와 그 위에 앉으신 자를 보니 땅과 하늘이 그
    앞에서 피하여 간 데 없더라.

12 또 내가 보니 죽은 자들이 무론대소하고 그 보좌 앞에 섰는데 책들
    이 펴 있고 또 다른 책이 펴졌으니 곧 생명책이라. 죽은 자들이 자기
    행위를 따라 책들에 기록된 대로 심판을 받으니

13 바다가 그 가운데서 죽은 자들을 내어 주고 또 사망과 음부도 그
    가운데서 죽은 자들을 내어주매 각 사람이 자기의 행위대로 심판
    을 받고

이제 드디어 주의 심판의 날이 되었다. 이때 부활하여 하나님의 심
판의 보좌 앞에 서게 되는 사람들은 말할 수 없는 공포에 휩싸이게
될 것이다. 왜냐하면, 그들은 자신에 대하여 스스로를 변명할 수도
없고, 변호해 줄 사람도 없기 때문이다.

이미 오래전이지만 첫 번째 부활 사건이 천년왕국의 시대에 있었
다. 의롭다 칭함을 받은 자들의 부활로 인하여 그들은 예수 그리
스도와 함께 그리스도의 왕국을 다스리게 되었다. 그러나 이번에
는 불의한 자들을 하나님의 심판의 자리에 세우기 위한 부활이다.

사도 요한은 사람들은 그들 나름대로의 행함에 따라 심판을 받게 될 것이라고 기록하였지만, 이 세상에 살았던 모든 사람들은 죄를 가진 자들로서 그 상태로는 그 누구도 천국에 들어갈 수가 없다. 오직 예수 그리스도를 자기의 구세주로 영접하는 것으로만 죄가 정결해진 사람만이 천국에 입성할 수 있다.

예수 그리스도를 영접하고 그를 위하여 충성했던 사람들의 이름은 모두 생명책에 기록되어 있지만, 그리스도에게 충성치 아니하였던 자들은 그분의 리스트에 들어 있지 않다. 그러나 우리가 여기에서 오해하지 말아야 하는 것은, 하나님은 우리 한 사람 한 사람을 개인적으로 다 알고 계신다는 것이다. 누가 천국에 들어가게 되며, 누가 들어갈 수 없는지에 대하여 설혹 생명책이 없다고 할지라도 하나님은 다 알고 계신다. 다만 그 책이 있다는 것은 각 사람이 자신의 행위를 알게 하기 위한 것이다.

물론 여러 가지 미신이나 타인의 불의를 자신의 기쁨으로 삼던 자칭 크리스천들도 그분의 리스트에서 제외될 것이다. 이러한 자들은 살면서 하나님을 경시하였기 때문에 심판의 날이야말로 공포의 날이 되는 것이다.

하나님의 존재를 알지 못했다는 변명은 통하지 않는다. 진실의 바로 곁에 있었으면서도 그것을 인식하지도 못하였다는 사실이야말로 얼마나 슬픈 일인가? 그들은 한 사람 한 사람씩 심판을 받은 뒤 그들도 영원한 불 못으로 던져지게 된다.

[계시록 20:14-15]
14 사망과 음부도 불못에 던지우니 이것은 둘째 사망 곧 불못이라.
15 누구든지 생명책에 기록되지 못한 자는 불못에 던지우더라.

모든 악은 완전히 소멸되어야만 한다. 넘치는 사랑과 오래 참으시는 하나님께서는 이 세상의 그 어느 한 사람이라도 멸망될 것을 원치 않으신다. 그러나 아무리 하나님께서 손을 내밀어도 하나님을 거부하는 자가 있다. 그들은 하나님의 손에 의해서가 아니라 스스로의 선택에 의해서 불 못으로 들어가게 된 것이다.

[계시록 21:8]
그러나 두려워하는 자들과 믿지 아니하는 자들과 흉악한 자들과 살인자들과 행음자들과 술객들과 우상 숭배자들과 모든 거짓말하는 자들은 불과 유황으로 타는 못에 참예하리니 이것이 둘째 사망이라

그러나 이때는 공포의 시작만이 아니라 새로운 세계의 출발이기도 하다.

[계시록 21:1-4]
1 또 내가 새 하늘과 새 땅을 보니 처음 하늘과 처음 땅이 없어졌고 바다도 다시 있지 않더라
2 또 내가 보매 거룩한 성 새 예루살렘이 하나님께로부터 하늘에서 내려오니 그 예비한 것이 신부가 남편을 위하여 단장한 것 같더라
3 내가 들으니 보좌에서 큰 음성이 나서 가로되 보라. 하나님의 장막이 사람들과 함께 있으매 하나님이 저희와 함께 거하시리니 저희는 하나님의 백성이 되고 하나님은 친히 저희와 함께 계셔서
4 모든 눈물을 그 눈에서 씻기시매 다시 사망이 없고 애통하는 것이나 곡하는 것이나 아픈 것이 다시 있지 아니하리니 처음 것들이 다 지나갔음이러라

그것은 마치 큰 홍수가 지나간 후의 싱그러운 날과도 같을 것이다. 오랫동안 지구와 함께했던 죽음의 고통은 이제 더 이상 찾아볼 수 없다. 모든 것들이 충만한 상태로 기쁨과 즐거운 세계가 영원히 계속된다.

소경의 눈에도 광명이 찾아오며 귀먹은 자들에게도 하나님의 창조한 새로운 소리가 들려오게 된다. 말할 수 없었던 자들도 이제는 소리 높여 하나님을 찬양하게 된다. 새로운 예루살렘의 거리는 아름다움으로 빛나게 될 것이다. 천사에 의해서 높은 산꼭대기에 오르게 된 사도 요한은 거룩한 성이 하늘에서 내려오는 것을 보게 된다.

[계시록 21:11]
하나님의 영광이 있으매 그 성의 빛이 지극히 귀한 보석 같고 벽옥과 수정같이 맑더라

천사가 그 성곽을 측량하기 위해 나가자 사도 요한의 눈앞에는 놀라운 광경이 벌어졌다. 정금으로 이루어진 길과 진주 문, 여러 가지 보석으로 꾸며진 성이 그 앞에 펼쳐진 것이다. 천사는 그 성곽의 한쪽 길이가 약 2,220km의 완전한 입방체하고 기록하였다.

그 성의 크기는 달을 조금 축소한 느낌을 준다. 또한, 놀라운 것은 실제로 이 성은 새로운 지구의 주위 궤도에 존재하는 생각을 갖게 한다. 다시 말해서 정말 믿기 어려울 정도의 거대 도시가 탄생한 것이다. 이 도시의 크기를 대충 계산하면 110억km³ 이다. 도시의 크기를 km³ 로 나타내는 것이 조금은 이상하게 느껴지지만 우리들의 낡은 시공의 감각에 사로잡힌 채 생각하면 이해할 수 없다. 아마 이때의 하나님의 새로운 창조의 세계는 사차원 혹은 오차원의 세계의 것으로 이해해야만 할 것이다.

이 새로운 예루살렘은 현재의 지구상에 존재하는 어느 도시보다도 많은 인구가 살게 될 것이다. 그렇다고 하더라도 비좁을 것이라 생각할 필요는 없다. 또한, 오늘날 대 도시들이 겪는 대기 오염, 인구 과밀 등의 문제는 전혀 없으며 그 어떤 슬픔 또한 존재하지 않는다.

계시록 21장 5절에서는 보좌에 앉으신 이가 사도 요한을 향하여 '

보라 내가 만물을 새롭게 하노라 하시고 또 가라사대 이 말은 신실하고 참되니 기록하라'라고 말씀하셨다. 이 말씀은 "너는 너무나 놀라서 믿을 수가 없을지 모르지만, 이것이 참 진실이라는 것은 내가 보증한다"라고 말씀하신 듯하다. 계속해서 주님은 다음과 같은 약속을 주셨다.

[계시록 21:6-7]
6 또 내게 말씀하시되 "이루었도다. 나는 알파와 오메가요 처음과 나중이라. 내가 생명수 샘물로 목마른 자에게 값없이 주리니
7 이기는 자는 이것들을 유업으로 얻으리라. 나는 저의 하나님이 되고 그는 내 아들이 되리라"

이곳을 읽다 보면 요한복음에 등장하는 예수님과 한 여자의 대화 장면이 떠오른다.

[요한복음 4:10]
예수께서 대답하여 가라사대 네가 만일 하나님의 선물과 또 네게 물 좀 달라 하는 이가 누구인 줄 알았더면 네가 그에게 구하였을 것이요 그가 생수를 네게 주었으리라

예수님의 손에 물을 길을 수 있는 아무것도 없음을 안 그 여자는 예수님의 말씀의 의미를 이해할 수가 없었다. 그러나 예수님은 한발 더 나아가 다음과 같이 말씀하신다.

[요한복음 4:13-14]
13 예수께서 대답하여 가라사대 이 물을 먹는 자마다 다시 목마르려니와
14 내가 주는 물을 먹는 자는 영원히 목마르지 아니하리니 나의 주는 물을 그 속에서 영생하도록 솟아나는 샘물이 되리라

종교의 체험을 통해서 영혼의 만족을 얻으려고 수년간이나 동양의 여러 종교를 체험했던 한 여성이 있었다. 그녀는 어떤 단체에 가입하였으나 이내 환멸을 느끼고 다른 곳으로 옮겨 다니기를 수차례나 반복하였다. 그러나 그리스도를 만나게 됨으로써 그녀의 구도의 길은 종료되었다. 그녀는 다음과 같이 증언하였다.

"그리스도를 나의 주로서 영접하던 그 날, 내 마음속에서 큰 변화가 일어났습니다. 수십 년 동안 찾아 헤매던 평안과 만족스러움이 마음속에 있음을 깨닫게 됨으로써 사는 것에 대한 의미를 알게 되었습니다."

지금도 그리스도께서는 우리들의 영혼 속에 생명수를 부어주고 계시지만 새로운 성 예루살렘의 삶은 더 말할 수 없는 평안과 사랑과 기쁨으로 가득 차게 될 것이다.

하나님과 함께

당신은 지금까지 하나님의 임재하심을 아주 강하게 느낀 일이 있는가? 혼자서 기도하고 있을 때라든지 예배를 드리고 있을 때, 모든 성도와 함께 찬양하는 시간이라든지, 누군가를 위해 당신이 기도하고 있는 순간에 하나님께서 바로 옆에서 함께 계심을 체감하는 경험 말이다. 이처럼 새로운 예루살렘 성에서 항상 하나님과 함께 할 수 있다는 것이야말로 얼마나 놀라운 일인가? 나는 그날이 오기를 학수고대하고 있다.

[계시록 21:12-14]
12 크고 높은 성곽이 있고 열두 문이 있는데 문에 열두 천사가 있고 그 문들 위에 이름을 썼으니 이스라엘 자손 열두 지파의 이름들이라.
13 동편에 세 문, 북편에 세 문, 남편에 세 문, 서편에 세 문이니

14 그 성에 성곽은 열두 기초석이 있고 그 위에 어린 양의 십이 사도
   의 열두 이름이 있더라

이스라엘 열두 지파의 이름이 문에 기록되어 있다는 것은 구약시대
의 의인들과 예수 그리스도의 교회를 통해서 구원을 받고 하나님께
충성했던 자들이 함께 그 성에 있다는 것을 의미한다. 그때 우리는
노아에게 홍수의 이야기를 듣기도 하며, 모세로부터 바로의 이야
기를 들을 수도 있게 된다는 것이다. 우리가 앞에서 바벨탑에 관하
여 살펴보았으나 새로운 예루살렘에서는 문화적 차이, 인종, 언어
의 차이 없이 모두가 완전하게 통일되는 것이다.

이제 사도 요한과 이야기하던 천사는 황금으로 된 갓대를 가지고
성의 크기를 측량한다.

[계시록 21:18-20]
 18 그 성곽은 벽옥으로 쌓였고 그 성은 정금인데 맑은 유리 같더라
 19 그 성의 성곽의 기초석은 각색 보석으로 꾸몄는데 첫째 기초석
    은 벽옥이요 둘째는 남보석이요 셋째는 옥수요 넷째는 녹보석이요
 20 다섯째는 홍마노요 여섯째는 홍보석이요 일곱째는 황옥이요 여
    덟째는 녹옥이요 아홉째는 담황옥이요 열째는 비취옥이요 열한째
    는 청옥이요 열둘째는 자정이라

우리로서는 이 보석들이 어떤 것들인지 확실하게 알 수는 없으나
아름다운 고가품임에는 틀림없다. 사도 요한은 성이 하늘로부터 내
려오는 모습을 '결혼식 때의 신부와 같이 빛나고 아름다운 것'으로
묘사하였다.

출애굽기 28장 15-21절까지를 보게 되면, 구약시대의 제사장은
거룩한 도성을 꾸몄던 보석들과 같은 보석들을 판결 흉패에 붙이
고 있었던 것을 알 수 있다. 이것은 그들이 새로운 예루살렘과 하

나님의 아들을 통한 구원을 갈망하고 있었던 사실을 나타낸다. 또한, 열두 문은 어느 문이든지 각각 하나의 진주로 되어 있고 그 성의 큰길 또한 맑은 유리 같은 정금으로 되어 있다고 사도 요한은 설명하고 있다.

하나님의 가치관과 인간의 가치관

거룩한 성이 수많은 귀금속과 보석들로 가득 차 있는 것은 무엇 때문일까? 사람들은 부귀영화를 쫓아가는 가운데 영혼을 아주 엉망으로 망가뜨려 버리는 경우가 허다하다. 하나님은 그러한 사실을 잘 알고 계신다.

이들은 영원한 하나님의 말씀을 구하기보다는 금이나 다이아몬드와 같은 보물을 쫓고, 그것들을 얻기 위해서 다른 사람들을 속이기도 하며, 훔치거나 살인까지 저지르고 만다. 어떤 이는 재물을 얻기 위해서 그의 전 생애를 희생하게 되는지 모르지만, 마지막 날이 되면 그 모은 모든 것을 남겨 둔 채 죽는다.

만약에라도 이 지상의 부를 추구하는 일에 모든 마음을 빼앗겨버려 하나님의 나라에 들어갈 수 없게 된다면 이 얼마나 큰 비극인가? 그러나 이 지상에서 가치가 있다고 하는 것들은 천국에서 아무 가치가 없다. 그 이유는 천국에서의 금은 너무나 흔하므로 아스팔트나 콘크리트 대신으로 사용되기 때문이다.

이 보석들은 매우 아름다워서 때로는 우리의 눈을 즐겁게 해 주기도 하지만 그 가치는 영원하지 않다. 사도 요한은 그 성의 아름다움에 대하여 다음과 같이 묘사하고 있다.

[계시록 21:22-27]

22 성안에 성전을 내가 보지 못하였으니 이는 주 하나님 곧 전능하신 이와 및 어린 양이 그 성전이심이라

23 그 성은 해나 달의 비침이 쓸데없으니 이는 하나님의 영광이 비취고 어린 양이 그 등이 되심이라

24 만국이 그 빛 가운데로 다니고 땅의 왕들이 자기 영광을 가지고 그리로 들어오리라

25 성문들은 낮에 도무지 닫지 아니하리니 거기는 밤이 없음이라

26 사람들이 만국의 영광과 존귀를 가지고 그리로 들어오겠고

27 무엇이든지 속된 것이나 가증한 일 또는 거짓말하는 자는 결코 그리로 들어오지 못하되 오직 어린 양의 생명책에 기록된 자들뿐이라

여기서 보면 새로운 성 예루살렘에 들어갈 수 있는 사람은 정해져 있음을 알 수 있다. 또한 사도 요한은 새로운 세계에 대해서도 기록하고 있으므로 하나님께서 새로운 질서를 창조하실 가능성도 있다. 우리에게 이는 매우 신비로운 일이 아닐 수 없다.

하나님은 우리가 영원한 생명을 얻는 데 필요한 것이라면 모든 것을 주셨다. 그러나 하나님께서 밝혀주지 않으셨기 때문에 이해할 수 없는 사실들도 많다.

[계시록 22:1-3]

1 또 저가 수정같이 맑은 생명수의 강을 내게 보이니 하나님과 및 어린 양의 보좌로부터 나서

2 길 가운데로 흐르더라. 강 좌우에 생명 나무가 있어 열두 가지 실과를 맺히되 달마다 그 실과를 맺히고, 그 나무 잎사귀들은 만국을 소성하기 위하여 있더라.

3 다시 저주가 없으며 하나님과 그 어린 양의 보좌가 그 가운데 있으리니 그의 종들이 그를 섬기며

새로운 성 예루살렘에도 나무가 있지만 보통 나무와는 다르다. 오늘날 과학의 진보로 인하여 한 그루의 나무가 여러 종류의 열매를 맺는 것이 있지만 새로운 예루살렘에 있는 나무에는 각기 다른 열매가 달마다 열린다.

저주로부터의 해방

아담과 하와가 이제 더 이상 하나님으로부터 은혜를 받을 수 없게 되었을 때 하나님은 다음과 같이 말씀하셨다.

[창세기 3:17-19]
17 땅은 너로 인하여 저주를 받고 너는 종신토록 수고하여야 그 소산을 먹으리라
18 땅이 네게 가시덤불과 엉겅퀴를 낼 것이라. 너의 먹을 것은 밭의 채소인즉
19 네가 흙으로 돌아갈 때까지 얼굴에 땀을 흘려야 식물을 먹고 필경은 흙으로 돌아가리니 그 속에서 네가 취함을 입었음이라. 너는 흙이니 흙으로 돌아갈 것이니라

그러나 이제는 그 저주로부터 놓임을 받아 이 새로운 예루살렘에서는 '가시덤불과 엉겅퀴' 대신 매달 실과가 맺히고, 그 백성은 그 나무의 잎사귀로 인하여 치료함을 받는다. 이 도성에는 질병이 없다고 기록되었다. 다시 말해 새 하늘 새 땅 아래 펼쳐진 지구 위에 새로운 질서가 주어지는 것이다. 사람이 병에 걸리면 그 나뭇잎이 사람들을 치료하는 것이다.

계시록 22장 5절에는 그 도성에 사는 사람들을 가리켜 '세세토록 왕 노릇 하리로다'라고 기록되었다. 여기서 왕이 된다는 것은 백성들이 있다는 뜻이며 이는 바로 새로운 세계가 존재하고 있는 것을

뜻한다.

새로운 성 예루살렘에 사는 자들은 하나님께서 새롭게 창조하신 땅에 사는 사람들을 다스리게 된다. 그리고 이 성에서는 직접 하나님의 얼굴을 볼 수가 있으며, 밤도 없으며, 영광으로 가득 찬 나날들이 계속된다. 믿기 어려운 사실들이기 때문에 천사들이 '이 말은 신실하고 참된지라'라고 증거 하였다. 그다음 나머지 부분은 예수께서 직접 말씀하신다.

[계시록 22:7]
보라 내가 속히 오리니 이 책의 예언의 말씀을 지키는 자가 복이 있으리라

새로운 예루살렘에서의 기쁨을 사도 요한에게 보여준 천사는 이 예언의 말씀을 인봉치 말라하였다.

[계시록 22:10-11]
10 또 내게 말하되 이 책의 예언의 말씀을 인봉하지 말라 때가 가까우니라
11 불의를 하는 자는 그대로 불의를 하고 더러운 자는 그대로 더럽고 의로운 자는 그대로 의를 행하고 거룩한 자는 그대로 거룩하게 하라

이와는 대조적으로 다니엘이 종말의 환상을 보았을 때 천사는 '다니엘아 가라 대저 이 말은 마지막누가복음 21장 31절 때까지 간수하고 봉함할 것이다'(다니엘 12:9) 전했다. 다시 말하여 다니엘은 예언을 부여받았으나 그때가 아직 이르지 아니하였으므로 전부 이해할 수 없었다는 뜻이다. 그러나 사도 요한에게는 이 말씀들을 인봉치 말라는 명령이 주어진다. 그것은 바로 이제 곧 그리스도가 오시기 때문이다. 따라서 이는 모든 사람을 향한 말씀이다.

[계시록 22:12-16]

12 보라 내가 속히 오리니 내가 줄 상이 내게 있어 각 사람에게 그의
일한 대로 갚아 주리라

13 나는 알파와 오메가요 처음과 나중이요 시작과 끝이라

14 그 두루마기를 빠는 자들은 복이 있으니 이는 저희가 생명나무
에 나아가며 문들을 통하여 성에 들어갈 권세를 얻으려 함이로다

15 개들과 술객들과 행음자들과 살인자들과 우상 숭배자들 및 거짓
말을 좋아하며 지어내는 자마다 성 밖에 있으리라

16 나 예수는 교회들을 위하여 내 사자를 보내어 이것들을 너희에게
증거 하게 하였노라 나는 다윗의 뿌리요 자손이니 곧 광명한 새벽
별이라

그리스도는 이 예언을 전하게 하시기 위해 천사를 보내셨는데 이
는 바로 '당신'을 향한 말씀인 것이다. 16절의 '너희'라는 단어는 헬
라어로도 복수형이며 이 예언을 듣고 있는 모든 이들을 가리킨다.

17절에서는 목마른 자는 누구든지 그리스도에게 나아와서 값없이
생명수를 받으라고 말씀하신다. 그에게 찾아오는 자는 그 누구라
할지라도 그리스도께서 거절치 않으신다. 믿음으로 그리스도를 당
신의 주, 구세주로 영접하기만 하면 당신은 구원을 받는다.

그리스도께서 당신을 대신하여 죽으심으로 인하여 당신의 죄가 씻
어진 사실을 깨닫게 되면 누구든지 의인의 자격을 가지고 하나님
앞에 설 수 있다. 이것이 바로 계시록의 중심 메시지이다. 그리하
여 이 세계는 하나님께 속한 자와 속하지 아니한 자라는 두 그룹으
로 나뉘게 된다.

또한 환난과 박해의 때가 가까웠다는 사실은 그 누구라 할지라도
바꿀 수 없다. 왜냐하면 이것이 바로 타락한 세상에 대한 거룩하신
하나님의 완전한 계획이기 때문이다. 하나님께 속하지 않은 사람들

은 공포에 휩싸인 영원의 시간을 맞게 되며, 예수 그리스도로 인하여 하나님께 속한 사람들은 아름다운 영광과 기쁨으로 충만한 영원의 시간으로 옮겨지게 되는 것이다. 여기에서 무엇보다도 중요한 사실은 바로 지금의 당신은 어느 쪽에 속하여져 있느냐 하는 것이다.

이 예언의 말씀은 경고와 함께 축복의 말씀으로 끝을 맺고 있다. 그러므로 나는 이 책에 증거된 메시지들이 당신의 심령을 깨우치기를 기도하며, 이제로부터 당신의 삶이 기록된 말씀처럼 거룩하고 정결한 예수 그리스도의 신부의 행실로 나타나기를 기도한다.

[계시록22:18-21]
18 내가 이 책의 예언의 말씀을 듣는 각인이게 증거 하노니, 만일 누구든지 이것들 외에 더하면 하나님이 이 책에 기록된 재앙들을 그에게 더하실 터이요

19 만일 누구든지 이 책의 예언의 말씀에서 제하여 버리면 하나님이 이 책에 기록된 생명나무와 및 거룩한 성에 참예함을 제하여 버리시리라

20 이것들을 증거 하신 이가 가라사대 "내가 진실로 속히 오리라" 하시거늘, 아멘 주 예수여 오시옵소서

21 주 예수의 은혜가 모든 자들에게 있을지어다 아멘

갈보리채플 권장도서

응답받는 기도생활
척 스미스 저 / 이요나 감역

우리의 기도는 절대적 믿음의 신뢰 속에서 하나님의 능력이 방출되게 하는 것이다. 갈보리채플 부흥의 역사는 아주 작은 신념의 기도로부터 시작되었다. 이 책은 크리스천들이 왜 실패하는 가에 대한 해답과 어떻게 성공적인 삶을 살 수 있는가에 대한 기도생활의 비결을 깨닫게 한다.

계시의 봉인을 떼라
척 스미스, 데이빗 웜비시 공저 / 이요나 감역

언젠가부터 교회 안에 "계시록을 멀리하라 계시록은 봉한 책이므로 절대로 이해할 수 없다"는 소문들이 퍼지기 시작했다. 그러나 분명한 것은 종말의 날이 우리 앞에 다가오고 있다는 것이다. 갈보리채플 척 스미스 목사의 계시록 강해는 오랜 목회생활 속에서 연구하고 깨달은 것을 이해하기 쉽게 정리한 것으로, 이제 이 땅에 일어날 일들을 대처하는 지혜를 제공한다.

영적전쟁의 비밀
브라이언 브로더슨 저 / 최모세 역

인류 역사의 어두움이 절정에 가까워질수록 영적전쟁은 더욱 명백해 진다. 이 전쟁은 단지 철학적 감각의 선과 악의 전쟁이 아니라, 이 땅의 그리스도인들과 마귀와의 전쟁이다. [영적전쟁의 비밀]은 사탄 문화권의 젊은이들을 복음의 승리로 이끌어낸 갈보리채플 척 스미스 목사의 후계자 브라이언 목사가 제언하는 영적전쟁의 승리의 비결이다.

홀리북스 권장도서

거기 누구 없소 나 아픈데
이요나 저

'동성애', 누구든지 이 사슬에 얽히면 스스로 그 멍에를 끊고 나올 장사가 없다. 이 육체의 족쇄는 자극의 원리를 상실한 채, 머리와 꼬리가 뒤엉켜버려 풀어질 수 없는 수억의 뱀 더미와도 같다. 또한, 이들은 브레이크 끊어진 고속열차 같아서 죄가 차기까지는 결코 세미한 음성을 듣지 못한다. 그러나 당신이 동성애로부터 벗어나고자 하는 의지와 믿음을 가졌다면 이 책은 당신을 예수 그리스도의 구원의 은혜로 인도할 것이다.

커밍아웃 어게인 - 진리 그리고 자유
이요나 저

<Comin Out Again>은 한국 최초의 게이바 열애클럽을 운영하며, 43년간 동성애자의 애증의 삶을 살던 탈동성애인 권운동 이요나 대표의 동성애 해법 교과서이다. 만약 당신의 아들, 형제, 친구가 동성애자인 것을 알았을 때 당신은 어떤 도움을 줄 수 있을 것인가? 또한 동성애는 죄라고 설교하는 당신은 동성애자 신자를 어떻게 구원할 것이며, 당신의 학교, 교회, 그리고 당신의 안방까지 유혹해 오는 동성애의 손길을 어떻게 대처할 것인가?

성경적 상담 매거진
홀리북스 / 기독서점 발매

[성경적 상담 매거진]은 목양현장에서 발견된 인생의 역경과 유혹들을 어떻게 성경적 관점으로 대면하고, 또 어떻게 승리의 길로 인도할 수 있는지에 대한 성경적 원리를 제시하여, 모든 성도들이 성경적 상담의 역할을 할 수 있도록 준비시키게 있다.